Ecologia
de sistemas

O selo DIALÓGICA da Editora InterSaberes faz referência às publicações que privilegiam uma linguagem na qual o autor dialoga com o leitor por meio de recursos textuais e visuais, o que torna o conteúdo muito mais dinâmico. São livros que criam um ambiente de interação com o leitor – seu universo cultural, social e de elaboração de conhecimentos –, possibilitando um real processo de interlocução para que a comunicação se efetive.

Ecologia de sistemas

Rodrigo Santiago Godefroid

Rua Clara Vendramin, 58 . Mossunguê.
CEP 81200-170 . Curitiba . PR . Brasil . Fone: (41) 2106-4170
www.intersaberes.com . editora@editoraintersaberes.com.br

Conselho editorial
Dr. Ivo José Both (presidente)
Drª Elena Godoy
Dr. Nelson Luís Dias
Dr. Neri dos Santos
Dr. Ulf Gregor Baranow

Editora-chefe
Lindsay Azambuja

Supervisora editorial
Ariadne Nunes Wenger

Analista editorial
Ariel Martins

Capa
Laís Galvão dos Santos (*design*)
Naschy, daulon, wawritto, dickgage, Designua,
Paul Lesser, tuksaporn rattanamuk e Yuliya_P/Shutterstock (imagens)

Projeto gráfico
Mayra Yoshizawa

Diagramação
Maurélio Barbosa

Iconografia
Regina Claudia Cruz Prestes

1ª edição, 2016.

Foi feito o depósito legal.

Informamos que é de inteira responsabilidade do autor a emissão de conceitos.

Nenhuma parte desta publicação poderá ser reproduzida por qualquer meio ou forma sem a prévia autorização da Editora InterSaberes.

A violação dos direitos autorais é crime estabelecido na Lei n. 9.610/1998 e punido pelo art. 184 do Código Penal.

Dados Internacionais de Catalogação na Publicação (CIP)
(Câmara Brasileira do Livro, SP, Brasil)

Godefroid, Rodrigo Santiago
　　Ecologia de sistemas/Rodrigo Santiago Godefroid. Curitiba: InterSaberes, 2016.

Bibliografia.
ISBN 978-85-5972-220-8

1. Ecologia 2. Ecossistemas 3. Educação ambiental 4. Meio ambiente I. Título.

16-07329　　　　　　　　　　　　　　　　　　　　　CDD-577.27

Índices para catálogo sistemático:
　　1. Ecologia de sistemas: Ciências da vida 577.27

Sumário

Apresentação | 13
Como aproveitar ao máximo este livro | 17
Bibliografia comentada | 19

1. Evolução conceitual da ecologia de sistemas | 21
   1.1 Entendendo o que é ecologia e os níveis de organização ecológicos | 23
   1.2 Breve histórico da ecologia até a concepção da ecologia de sistemas | 27
   1.3 Princípio da propriedade emergente | 30
   1.4 Teoria de Gaia | 32
   1.5 Ecologia de paisagens | 34

2. Teoria geral de sistemas e conceito de ecossistemas | 51
   2.1 Considerações históricas sobre a teoria geral dos sistemas | 53
   2.2 Principais componentes bióticos e abióticos do ecossistema | 57
   2.3 Características dos ecossistemas: natureza cibernética e estabilidade | 64
   2.4 Classificação e exemplos de ecossistemas | 67

3. Evolução conceitual da ecologia de sistemas | 91
   3.1 Aspectos estruturais do ecossistema | 93
   3.2 Aspectos funcionais do ecossistema | 102

4. **Fluxo de energia e matéria nos ecossistemas | 121**
    4.1 Primeira e segunda leis da termodinâmica | 123
    4.2 Radiação solar, fotossíntese e respiração | 127
    4.3 Tipos de produção biológica: conceituação | 134
    4.4 Subsídio de energia | 136
    4.5 Distribuição da produção primária | 137
    4.6 Cadeias alimentares, teias alimentares e níveis tróficos | 140
    4.7 Metabolismo e tamanho de indivíduos | 142
    4.8 Pirâmides ecológicas | 145
    4.9 Conceito de capacidade de suporte | 147
    4.10 Ecossistemas aquáticos *versus* ecossistemas terrestres: características | 147
    4.11 Ecossistemas terrestres | 150
    4.12 Métodos de estimativa da produção primária | 154
    4.13 Ciclagem de matéria nos ecossistemas | 159
    4.14 Ciclagem de nutrientes nos ecossistemas | 160
    4.15 Estudos quantitativos dos ciclos biogeoquímicos | 165

5. **Diversidade, estabilidade e maturidade dos ecossistemas | 175**
    5.1 Sentidos do termo *estabilidade* | 177
    5.2 Diversidade e estabilidade | 178
    5.3 Respostas evolutivas às mudanças no ambiente físico | 179
    5.4 Respostas evolutivas às mudanças na disponibilidade de recursos | 180
    5.5 Respostas evolutivas às mudanças na pressão de predação | 182
    5.6 Consequências das estratégias individuais para a comunidade | 183

6. Principais problemas ambientais e manejo dos recursos naturais | 191
   6.1 Desmatamento e perda da biodiversidade | 193
   6.2 Aquecimento global e camada de ozônio | 195
   6.3 Poluição do ar | 197
   6.4 Poluição do solo | 198
   6.5 Poluição da água | 199
   6.6 Sistemas de produção | 201
   6.7 Conservação da biodiversidade | 205
   6.8 Conservação da integridade ecológica dos ecossistemas aquáticos | 207
   6.9 Restauração de ecossistemas degradados | 208

Para concluir... | 215
Glossário | 217
Referências | 223
Bibliografia comentada | 231
Respostas | 233
Sobre o autor | 243

À minha esposa, Paula Carolina,

e aos meus filhos, Louise, Leonardo,

Ricardo e Bruno.

Agradeço a Mário Sérgio Cunha Alencastro, pela indicação do meu nome à Editora InterSaberes, e a esta editora por confiar a mim a produção desta obra. Agradeço, em especial, à minha esposa e aos meus familiares, que me apoiaram e me ouviram sempre que foi preciso. A vocês, Paula Carolina, Louise, Leonardo, Ricardo e Bruno, deixo aqui os meus mais sinceros agradecimentos.

Apresentação

O desenvolvimento da teoria geral dos sistemas estimulou os ecologistas a iniciar o desenvolvimento de um novo campo da ecologia chamado ecologia de sistemas, que tem como objetivo pesquisar e debater o funcionamento e a auto-organização dos ecossistemas. Esse conhecimento é importante porque contribui para a solução dos problemas ambientais decorrentes das ações dos seres humanos.

Nesse sentido, este livro é importante para o estudo da ecologia de sistemas, pois sintetiza de forma apropriada e didática os conceitos e fundamentos da ecologia por meio dos quais é possível compreender os sistemas ecológicos.

Nossa experiência nessa esfera de atuação encontra-se exposta ao longo dos seis capítulos que compõem este livro, nos quais procuramos apresentar uma discussão atualizada sobre os conceitos e as práticas relacionados à utilização, à conservação e à recuperação dos ecossistemas.

Para tal, no primeiro capítulo, faremos uma exposição do histórico da ecologia até a ecologia de sistemas e veremos os principais estudiosos da área, desde a Grécia antiga até os tempos atuais.

No segundo capítulo, trataremos da teoria geral dos sistemas ecológicos e da noção de *ecossistemas*. Abordaremos desde os aspectos históricos que permitiram a proposição desses conceitos até a compreensão dos biomas terrestres.

No terceiro capítulo, trabalharemos alguns aspectos estruturais e funcionais dos ecossistemas, tais como: substâncias inorgânicas, matéria orgânica, clima, substrato físico, componentes bióticos, fluxo de energia, cadeias alimentares, diversidade, ciclos de nutrientes, controle (cibernética) e sucessão e evolução dos ecossistemas.

No quarto capítulo, faremos uma análise a respeito das leis da termodinâmica e dos conceitos relativos aos fluxos de energia e de matéria, investigando a relação entre eles.

No quinto capítulo, analisaremos a diversidade, a estabilidade e a maturidade dos ecossistemas naturais e dos ecossistemas sob ação antrópica. Demonstraremos as relações entre a diversidade e a estabilidade dos ecossistemas, as respostas evolutivas decorrentes de mudanças no ambiente físico, na disponibilidade de recursos e na pressão de predação, além verificar os efeitos de estratégias individuais sobre a comunidade.

No sexto capítulo, faremos uma análise dos problemas ambientais que agridem o planeta. Demonstraremos a relação entre o desmatamento e a perda da biodiversidade, bem como as causas e as consequências da poluição do ar, do solo e da água e do aquecimento global, além das medidas que devemos tomar para evitá-los, junto com a preservação da camada de ozônio. Para finalizar, apresentaremos os sistemas de produção e veremos como agir para a conservação da biodiversidade e da integridade ecológica dos ecossistemas existentes e a restauração dos que já se encontram degradados.

Assim, ao longo do livro, exploraremos vários temas relacionados à ecologia, tais como: níveis de organização ecológicos; teoria geral dos sistemas; ciclagem de nutrientes; conservação e recuperação de ecossistemas; produção primária e produção secundária; cibernética; formas de poluição; entre outros.

Por contemplar os temas fundamentais relacionados à ecologia de sistemas, este livro pode ser utilizado por professores e alunos de diferentes níveis de ensino, bem como por todos aqueles que se interessem pelo tema. Os estudos de caso apresentados servem de fontes de informação para pesquisadores de diferentes áreas. Além disso, o conteúdo desta obra poderá auxiliar os profissionais que necessitem de dados para tomar decisões relativas a ecossistemas.

Desejamos que os conhecimentos abordados aqui contribuam para a formação acadêmica e profissional do leitor e que forneçam todos os subsídios necessários para a formação de uma sociedade que preze por um desenvolvimento sustentável por meio do uso e da manutenção adequados dos ecossistemas.

Boa leitura!

Como aproveitar ao máximo este livro

Este livro traz alguns recursos que visam a enriquecer o seu aprendizado, facilitar a compreensão dos conteúdos e tornar a leitura mais dinâmica. São ferramentas projetadas de acordo com a natureza dos temas que vamos examinar. Veja a seguir como esses recursos se encontram distribuídos na obra.

Conteúdos do capítulo:
Logo na abertura do capítulo, você fica conhecendo os conteúdos que nele serão abordados.

Após o estudo deste capítulo, você será capaz de:
Você também é informado a respeito das competências que irá desenvolver e dos conhecimentos que irá adquirir com o estudo do capítulo.

Estudo de caso
Esta seção traz ao seu conhecimento situações que vão aproximar os conteúdos estudados de sua prática profissional.

Síntese
Você dispõe, ao final do capítulo, de uma síntese que traz os principais conceitos nele abordados.

Questões para revisão
Com estas atividades, você tem a possibilidade de rever os principais conceitos analisados. Ao final do livro, o autor disponibiliza as respostas às questões, a fim de que você possa verificar como está sua aprendizagem.

Questões para reflexão
Nesta seção, a proposta é levá-lo a refletir criticamente sobre alguns assuntos e trocar ideias e experiências com seus pares.

Para saber mais
Você pode consultar as obras indicadas nesta seção para aprofundar sua aprendizagem.

Bibliografia comentada
Nesta seção, você encontra comentários acerca de algumas obras de referência para o estudo dos temas examinados.

I

Evolução conceitual da ecologia de sistemas

Conteúdos do capítulo:

» Origem do termo *ecologia*.
» Níveis de organização da ecologia.
» Histórico da ecologia.
» Ecologia de sistemas.

Após o estudo deste capítulo, você será capaz de:

1. perceber a evolução do conceito de ecologia;
2. identificar a inter-relação da ecologia com outras ciências;
3. explicar o que é um sistema ecológico ou ecossistema;
4. inferir os níveis de organização de um ecossistema;
5. compreender a cronologia dos estudos ecológicos.

Neste primeiro capítulo, trataremos sobre a evolução do entendimento da ecologia por meio de um breve histórico, abordando alguns debates teóricos sobre o tema e os principais estudiosos da área, desde a Grécia antiga, até chegarmos à sua definição atual, mostrando como foi a criação do conceito de *ecologia de sistemas*. Também apresentaremos os níveis de organização da ecologia e analisaremos as formas clássicas de se estudar um ecossistema.

1.1 Entendendo o que é ecologia e os níveis de organização ecológicos

Você, como muitas pessoas, já deve ter feito uso do termo *ecologia*. Mas, o que ele significa? Esse termo tem origem em duas palavras gregas: *oikos*, "casa", e *logos*, "estudo" (Ricklefs, 2003). A primeira pessoa a propor sua utilização foi Ernst Haeckel, zoólogo alemão que cunhou o termo em 1866, no seu livro *Generelle Morphologie der Organismen*. Haeckel definiu *ecologia* como "a ciência capaz de compreender a relação do organismo com o seu ambiente" (Haekel, 1866, citado por Townsend; Begon; Harper, 2010, p. 16). No ano de 1972, Krebs (citado por Begon; Townsend; Harper, 2007) definiu *ecologia* da seguinte maneira: "o estudo científico das interações que determinam a distribuição e a abundância dos organismos". Dessa forma, você pode entender a ecologia como a ciência que estuda como os organismos interagem entre si e com o meio em que vivem, considerando-se fatores abióticos (luz solar, temperatura, umidade e nutrientes) e bióticos (outros organismos).

Com essa visão inicial, você pode perceber que algumas interações com outros ramos das ciências biológicas (botânica, genética, zoologia e entomologia), com as ciências que fornecem mecanismos de trabalho ou novas metodologias de estudo ecológico (ciência da computação, estatística e química) e com as ciências em que podem ser empregados os conceitos ecológicos (direito ambiental, economia e ciências médicas) são a base para o desenvolvimento da ecologia (Pinto-Coelho, 2007). A Figura 1.1 ilustra as interações da ecologia com outras ciências.

Figura 1.1 – Interações da ecologia com outras ciências

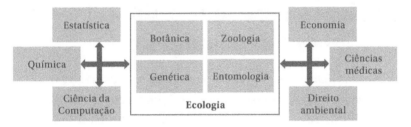

Assim como ocorre em outros ramos das ciências, o objeto de estudo da ecologia também pode ser dividido. Nesse sentido, a melhor forma para dividi-lo é definir seus níveis de organização, ou sistemas principais ou unidades biológicas. Assim, os termos *indivíduo, população, comunidade, ecossistema* e *biosfera* são usados para representar os diferentes níveis bióticos (Ricklefs, 2003). O resultado da interação desses níveis de organização com a parte física do ambiente (energia e matéria) constitui um **sistema** (Odum, 2004). Assim, um sistema ecológico pode ser representado por um indivíduo (ou organismo), uma população, uma comunidade, um ecossistema ou uma biosfera. Como demonstra a Figura 1.2, a disposição hierárquica dos sistemas ecológicos, com o organismo sendo a unidade fundamental da ecologia (ou o sistema ecológico elementar), significa que o sistema ecológico menor está contido no sistema ecológico imediatamente acima (Ricklefs, 2003).

Para melhor compreender o conceito de **sistema ecológico**, vamos mostrar como reconhecer os seus representantes: organismo, população, comunidade, ecossistema e biosfera.

Figura I.2 – Representação esquemática da hierarquia dos níveis de organização ecológica

Tomemos como base a teoria celular, segundo a qual todo ser vivo é composto por células. A célula é a unidade morfológica e

funcional dos tecidos histológicos. As moléculas orgânicas (DNA, RNA, proteínas, carboidratos e lipídios) das células não são funcionais fora destas, e, se retirarmos os tecidos histológicos, os órgãos e os sistemas orgânicos dos organismos pluricelulares também não serão funcionais. Para sobreviver, um organismo precisa de energia e nutrientes obtidos do ambiente. Depois da metabolização da energia e dos nutrientes, o organismo libera seus rejeitos metabólicos, que acabam influenciando as condições físicas e químicas do ambiente, bem como dos recursos disponíveis para os demais organismos, pois, como veremos mais adiante, as excretas dos organismos fazem parte do ciclo de energia e dos recursos disponíveis no ambiente (Ricklefs, 2003).

Constitui uma **população** o conjunto de indivíduos pertencentes a uma mesma espécie, que ocupam um espaço comum e que se reproduzem entre si (Dajoz, 2008). À primeira vista, esse conceito parece simples, pois a morfologia geral e o desenvolvimento a partir da fecundação do óvulo pelo espermatozoide são previsíveis e determinados em organismos unitários (peixes, insetos, aves, mamíferos etc.). Podemos dizer, portanto, que **um indivíduo é um organismo** (Townsend; Begon; Harper, 2010).

A unidade ecológica **comunidade**, ou *biocenose*, abrange todas as populações que ocupam uma mesma área. Os organismos vivos de uma comunidade e o ambiente onde eles vivem, com suas características físicas e químicas, bem como a inter-relação entre eles, constituem um sistema ecológico ou ecossistema (Odum, 1988).

A biosfera, camada superficial da Terra em que a vida se desenvolve e se mantém, é composta por atmosfera, hidrosfera e litosfera. A sua energia é, na maior parte, originária do Sol, e uma pequena parcela vem do calor interno do globo. É com a energia solar que os organismos produzem sua matéria orgânica, exceto aqueles que ocorrem próximos a fontes hidrotermais submarinas (Dajoz, 2008).

1.2 Breve histórico da ecologia até a concepção da ecologia de sistemas

Não existe uma data específica para marcarmos como o início do conceito de ecologia. Contudo, seus primeiros registros remontam aos egípcios e babilônicos que, para combater as pragas existentes em suas culturas de cereais, utilizavam métodos ecológicos (Pinto-Coelho, 2007), além dos gregos, como Hipócrates e Aristóteles, que produziram textos com enfoques ecológicos (Odum, 2004).

Na Idade Moderna, a ecologia foi objeto de estudo de pesquisadores como Gaunt, no século XVI, com seus trabalhos envolvendo taxas de nascimento, mortalidade, razão sexual e estrutura de idade das populações. Também podemos citar Leeuwenhoek, no século XVII, o primeiro a estudar a importância das cadeias alimentares e a regulação das populações (Odum, 1988), e Buffon, no século XVIII, a quem devemos a afirmação de que algumas forças são capazes de contrabalancear o crescimento de uma população, o que constitui a base da regulação ecológica de populações (Pinto-Coelho, 2007).

A ecologia também teve contribuições de outros estudiosos, como: Malthus (1798), o qual afirmou que o crescimento de populações ocorre em ritmo exponencial e os recursos utilizados por essas populações crescem em ritmo aritmético; Verhulst (1838), com seus trabalhos ecológicos utilizando curva logística de crescimento populacional; e Farr (1843), que observou a existência de uma relação entre a taxa de mortalidade e a densidade das populações (Pinto-Coelho, 2007).

Seguindo a linha histórica da ecologia, no ano de 1866, como vimos anteriormente, Haeckel utilizou pela primeira vez o termo *ecologia* (Ricklefs, 2003). A partir da década de 1870, termos como *biocenose* e *microcosmo* foram propostos, respectivamente, por Möbius (1877) e Forbes (1887): o conceito de sistema ecológico ou *ecossistema* começou a ser construído com base, entre outros, nos estudos de Möbius com um banco de ostras, cuja comunidade foi descrita por ele como uma **biocenose**, enquanto Forbes descreveu os lagos como **microcosmos**. Esses autores, junto com Forel (1892) e seus estudos sobre geologia, geografia, física e química do lago Léman, e Thienemann (1926), ao propor a tipologia de lagos empregada atualmente, são considerados os pioneiros da **limnologia** (ecologia aquática) (Esteves, 2011).

Warming (1895; 1909) estudou o cerrado brasileiro na região de Lagoa Santa (MG) e seus estudos podem ser considerados os primeiros relacionados à ecologia terrestre (Pinto-Coelho, 2007). Cowles (1899), trabalhando com as dunas ao sul do lago Michigan, nos Estados Unidos, Clements (1916; 1936), ao propor o conceito de evolução de comunidade, e Tansley (1935), ao se referir ao ecossistema como a unidade básica de estudo da ecologia, são considerados os pesquisadores que deram o último impulso nessa ciência até o seu estado atual. Esses quatro pesquisadores, em virtude de suas contribuições científicas, são considerados *pais da ecologia* (Townsend; Begon; Harper, 2010).

Os avanços dos estudos em ecologia permitem que atualmente a ecologia moderna possa ser dividida de acordo, por exemplo, com seu **enfoque**, o **objeto de estudo** e a **limitação do conhecimento de estudo**. Nesse sentido, para Pinto-Coelho (2007), a ecologia moderna apresenta dois enfoques: o descritivo (história natural), que consiste no levantamento da fauna e da flora; e o experimental, que testa hipóteses por meio de experimentos laboratoriais ou de campo. Se pensarmos no objeto central de estudo da ecologia moderna, esse autor a divide em autoecologia, ou ecologia de populações, e sinecologia, ou ecologia de comunidades. Finalmente, podemos dividir a ecologia em ecologia vegetal, restrita apenas a esse nível trófico, e ecologia animal, que não abrange os autótrofos (Pinto-Coelho, 2007).

Além dos ecólogos, cientistas de outras áreas também passaram a perceber que as sociedades naturais, assim como a humana, funcionam como os sistemas ecológicos. Esse é o caso do físico-químico Lotka (1925), ao propor que as partes biótica e abiótica atuam como um único sistema, sendo impossível entender cada uma das partes sem compreender o todo.

Com base na observação de que os organismos vivos (comunidade biótica) se inter-relacionam e interagem com o ambiente não vivo (abiótico), Tansley propôs, em 1935, a utilização do termo *ecossistema* (ou *sistema ecológico*), uma unidade composta pela comunidade biótica existente em um local e que, ao interagir com o ambiente físico, faz o fluxo de energia conduzir as estruturas bióticas e estimula a ciclagem de materiais entre os componentes bióticos e abióticos (Odum, 2004). Os ecossistemas podem ser vistos como sistemas abertos, pois constantemente elementos entram e saem deles, mesmo com sua aparência geral e sua função básica permanecendo constantes ao longo do tempo.

Uma vez que em um sistema ecológico são observados todos os componentes bióticos e abióticos necessários para a sobrevivência dos primeiros, podemos considerá-lo como a unidade básica da ecologia, com base na qual é possível organizar a teoria e a prática desta (Odum, 2004).

Apoiando-se nessa ideia inicial, outros cientistas passaram a desenvolver conceitos holísticos de regionalismo. Odum (1936) e Odum e Moore (1938) compararam regiões dos Estados

Unidos da América usando indicadores sociais. Machlis, Force e Burch Jr. (1997) e Force e Machlis (1997) combinaram conceitos de ecologia com teorias sociais e desenvolveram o conceito de **ecossistema humano**.

Contudo, somente depois de postulada a teoria de sistemas gerais por Bertalanffy (1950; 2015), que será abordada com mais detalhes no próximo capítulo, é que ecólogos passaram a trabalhar no campo definitivo e quantitativo da ecologia de sistemas (Odum, 1936; Evans, 1956; Margalef, 1958; Odum, 1971).

1.3 Princípio da propriedade emergente

Na organização hierárquica de um sistema ecológico, a combinação dos componentes ou subconjuntos para constituir um determinado nível é consequência do surgimento de propriedades que estavam ausentes no nível inferior a ele. Dessa forma, não podemos prever o aparecimento de uma propriedade em um determinado nível da organização ecológica se tomarmos por base apenas o estudo dos componentes encontrados nesse mesmo nível. Para exemplificar essa situação, podemos usar o conceito de propriedade redutível, segundo o qual não podemos reduzir da propriedade do todo a soma das suas partes. Com isso, a compreensão das propriedades de um nível hierárquico ecológico inferior contribui parcialmente para a compreensão do nível hierárquico superior seguinte. Por sua vez, para melhor entendermos o panorama deste, é preciso que estudemos seus fenômenos isoladamente.

O conceito trabalhado até esse momento pode ser ilustrado com a análise da molécula da água, que é composta por dois átomos de hidrogênio e um átomo de oxigênio unidos de forma a constituir um ângulo de aproximadamente 105°. Com isso, as propriedades desses gases são alteradas e eles formam um líquido.

Outro conceito importante que devemos trabalhar é o das propriedades coletivas, que representam a soma dos comportamentos dos componentes. As características novas ou únicas resultantes do funcionamento de toda unidade não são contempladas pelas propriedades coletivas, contudo, estas, assim como as propriedades emergentes, também se aplicam ao todo (Salt, 1979).

Um exemplo de propriedade coletiva de uma população é a sua taxa de mortalidade, representada pela soma das mortes dos indivíduos em certo período de tempo e expressa pelo percentual ou pela fração do número total de indivíduos dessa população. Novas propriedades surgem devido à interação existente entre os componentes, e não pela alteração da natureza básica deles.

Se tomarmos como base sistemas hierarquizados e não hierarquizados com o mesmo número de componentes, a matemática poderá ser empregada para demonstrar que integrações nos sistemas hierarquizados evoluem mais rapidamente do que nos sistemas não hierarquizados (Odum; Barrett, 2007). Quando decompomos as hierarquias em níveis ou subsistemas, estes podem interagir e se reorganizar de forma a compor uma complexidade maior.

Quando passamos de um nível hierárquico para outro superior, podemos perceber que, enquanto alguns atributos se tornam mais complexos e variáveis, outros ficam invariáveis e menos complexos. Uma vez que os mecanismos de retroalimentação atuam em todas as partes, as oscilações ocorrem de forma reduzida, pois as unidades menores funcionam dentro das unidades maiores. A variação da propriedade do nível de um sistema é estatisticamente menor do que a soma das varições das partes. Ao considerarmos as propriedades emergentes e a homeostase crescente em cada nível, nem todos os componentes serão conhecidos se não compreendermos o todo.

1.4 Teoria de Gaia

A inter-relação dos organismos com o ecossistema permite a adaptação dos primeiros tanto ao ambiente físico quanto ao ambiente geoquímico. A constatação de que a química da atmosfera, o ambiente físico tamponado da Terra e a diversidade de vida aeróbica no planeta são diferentes das observadas em outros planetas do sistema solar levou à elaboração da **teoria de Gaia**. Essa teoria leva em consideração que os organismos, principalmente os microrganismos, tiveram sua evolução relacionada ao ambiente físico, permitindo a formação de um sistema intrincado e autorregulatório que mantém as condições favoráveis para a existência de vida na Terra (Lovelock, citado por Odum; Barrett, 2007).

Os organismos, especialmente os fungos e as bactérias, quando produzem novos compostos e fontes de energia para o ambiente, promovem mudanças na natureza física e química dos seus materiais inertes. Isso pode ser percebido quando verificamos que uma grande parcela do conteúdo do mar e do lodo existente no seu fundo é determinada pela ação dos organismos marinhos.

A teoria de Gaia, proposta nos trabalhos de Lovelock (1988), Lovelock e Margulis (1974), Margulis e Lovelock (1974), Lovelock e Epton (1975), Margulis e Sagan (1997), tem como base a extensão do controle biológico para o nível global. Para esses autores, elementos como a atmosfera da Terra – com a alta concentração de oxigênio –, a baixa concentração de dióxido de carbono, a temperatura amena e o potencial hidrogeniônico (pH) da superfície do planeta não podem ser considerados sem levar em conta as atividades de tamponamento das formas de vida primitivas que existiram no planeta, tampouco a atividade contínua e coordenada de plantas e microrganismos que amenizaram as variações dos fatores físicos e que eram observados quando não existiam sistemas de vida bem organizados. Essa situação pode ser observada quando verificamos que alguns microrganismos produzem amônia, que, por sua vez, mantém o pH do substrato em um nível adequado para sustentar uma grande diversidade de vida. Porém, se esses microrganismos não existissem, a produção de amônia não ocorreria; como consequência, o pH do substrato ficaria baixo e viabilizaria a existência de apenas alguns grupos de organismos.

Com o exposto, podemos concluir que a vida no nosso planeta não se desenvolveu devido à interação casual das forças físicas, a qual criou condições propícias do sustento da vida de forma autorregulatória, o que permitiu que ela evoluísse adaptada a essas condições. Ao contrário, desde o início da vida no planeta, os organismos influenciaram o desenvolvimento e o controle de um ambiente favorável a eles. Para Lovelock e Margulis (1974), a vida dos microrganismos opera em um "cinturão marrom", atuando como um sistema controlador que mantém um equilíbrio pulsante e homeotérmico (Gaia). Tal controle faz do planeta um sistema complexo, porém, cibernético e unificado.

Nós, seres humanos, mais do que as outras espécies, apresentamos a tendência de mudar o ambiente físico de forma a suprir nossas necessidades imediatas. Contudo, os componentes bióticos que utilizamos em nossas atividades fisiológicas estão sendo destruídos, e o equilíbrio do planeta está sendo perturbado e alterado.

1.5 Ecologia de paisagens

A ecologia de paisagens integra a teoria e a prática ecológicas: aborda a permuta de componentes bióticos e abióticos entre os ecossistemas e pesquisa o comportamento dos seres humanos em resposta aos processos ecológicos e às influências recíprocas entre estes e aqueles.

Na ecologia de paisagens, Risser, Karr e Forman (1984) sugerem que sejam considerados: o desenvolvimento e a dinâmica da diferença espacial; as interações temporais e espaciais e as permutas por meio de paisagens diferentes; as influências da diferença espacial nos processos bióticos e abióticos; e o manejo da diferença espacial visando à melhora e à sobrevivência da sociedade.

As relações entre o padrão espacial e os processos ecológicos, quando observadas em um experimento realizado em determinada escala de tempo e espaço, provavelmente se beneficiarão de experimentos em outras escalas de tempo e espaço, sejam elas mais amplas, sejam mais restritas. Dessa forma, a compreensão de como os organismos interagem com as mudanças de padrões e com os processos da ecologia de paisagens por meio da diferença de escalas será maior.

Para uma melhor compreensão da estrutura e da função dos ecossistemas, devemos focar tanto nos níveis de organização inferiores ao ecossistema (comunidades, populações, indivíduos) quanto nos que estão acima deste (paisagem, bioma e níveis globais) (Odum; Barrett, 2007).

A origem da ecologia de paisagens pode ser atribuída ao estudo de Troll (1939), que observou o aprisionamento de todos os métodos das ciências naturais na ecologia de paisagens. Troll (1968, p. 17) define *ecologia de paisagens* como "o estudo do complexo inteiro da rede de causa-efeito entre as comunidades vivas e suas condições ambientais que predominam em um setor da paisagem" [tradução nossa].

A ecologia de paisagens está calcada no estudo das causas e consequências dos padrões espaciais nas paisagens. Além disso, ela permite a compreensão da escala de paisagem e o aparecimento de novas propriedades, como: a atuação da diversidade gama (número de táxons existentes em uma base regional); a quantificação da difusão da perturbação; a importância da dinâmica do sistema fonte-sumidouro; as respostas das espécies aos elementos da paisagem, como corredores; e as permutas bióticas entre os diferentes ecossistemas.

Para compreendermos os padrões e os processos, a teoria e a prática devem ser integradas em pesquisa e manejo com abordagem holística. Os conceitos integrativos abrangem a teoria da hierarquia, a sustentabilidade, a energia líquida, a conectividade de mancha e os mecanismos cibernéticos reguladores. Atualmente, a ecologia de paisagens é vista como o ramo da ecologia que estuda a inter-relação entre os seres vivos e as paisagens, sejam elas naturais, sejam artificiais. Ela fornece a base científica necessária para que estudos de outras áreas – como conservação, projeto, manejo, entre outras – sejam realizados.

No decorrer da história, as paisagens sofreram alterações devido a processos naturais e humanos (sociais, políticos e econômicos) observados dentro dos sistemas. As relações existentes entre os seres vivos e as paisagens – como o padrão de distribuição espacial ou temporal dos organismos – e os processos ecológicos que estão sofrendo mudanças são apontadas pela ecologia de paisagens que destaca o fato de a paisagem ser um sistema e um nível de organização. Dessa forma, a melhor compreensão dos processos e dos padrões de uma paisagem permite um melhor entendimento dos processos e dos padrões relacionados ao indivíduo, à população, à comunidade e ao ecossistema.

Uma **paisagem** pode ser definida como um conjunto de ecossistemas composto por um mosaico de micro e macroambientes, que estão cada vez mais alterados pela ação humana, como campos, prados, florestas, vilas, cidades etc., compreendendo uma matriz que abrange manchas e corredores (Godron; Forman, 1983).

Os seres humanos podem provocar alterações em uma paisagem, e a principal delas é fragmentação de ecossistemas maiores, observada, por exemplo, em florestas que têm sido fragmentadas em componentes menores e isolados que conduzem à heterogeneidade espacial com efeitos de borda. Essa heterogeneidade espacial da paisagem é observada pela sua complexa estrutura horizontal e pela interatividade resultante da interdependência dos seus componentes. A **matriz**, as **manchas** (ilhotas ou parcelas) e o **corredor** compreendem os componentes de uma paisagem (Forman; Godron, 1986).

A matriz de uma paisagem é uma área extensa com ecossistemas ou vegetações semelhantes (agrícola, floresta, campo), onde são encontradas as manchas e os corredores. Uma **mancha** é uma superfície não linear de paisagem, homogênea, que difere da matriz devido à sua fisionomia e aos elementos que compõem ambas. O **corredor** compreende uma estrutura linear em forma de faixa, que difere da matriz de ambos os lados e que, frequentemente, une duas ou mais manchas. A conectividade está relacionada ao número de corredores que ocorrem entre as manchas, ou seja, quanto mais corredores unindo os componentes de uma paisagem, maior será a conectividade (Dajoz, 2008; Odum; Barrett, 2007).

São reconhecidos diferentes tipos de corredores:

- **Corredores remanescentes**: Formados pela retirada de uma grande parcela da vegetação nativa da matriz e pela manutenção de uma parcela nativa menor, o que promove a diversidade, melhora a ciclagem de nutrientes, protege o capital natural e fornece hábitat para as espécies de borda do corredor.
- **Corredores de perturbação**: Formados a partir de uma perturbação linear, interrompem a paisagem natural mais homogênea, fornecem hábitats para as espécies nativas e oportunistas de plantas e animais, principalmente espécies exóticas com tendência a se tornarem invasoras e/ou espécies secundárias, observadas nos primeiros estágios da sucessão secundária. Dessa forma, os corredores de perturbação, ao mesmo tempo que formam uma barreira para a dispersão de algumas espécies, permitem a dispersão de outras.
- **Corredores artificiais**: Formados por plantações que fornecem hábitat e dispersão de diferentes espécies de aves insetívoras, insetos predadores e mamíferos de pequeno porte.
- **Corredores de recurso**: Constituídos por faixas estreitas de vegetação natural que atingem grandes extensões da paisagem, a exemplo das matas em forma de galeria que ocorrem na margem de corpos de água. Uma vez que auxiliam no controle da erosão das inundações, esses corredores regulam o fluxo de matéria do meio terrestre para o aquático. Eles também melhoram a qualidade da água, diminuem a flutuação dos níveis dos corpos de água e conservam a diversidade da biota natural.
- **Corredores regenerados**: Surgem a partir da restauração de faixas de vegetação que anteriormente faziam parte da vegetação original da região. As aves, habitantes comuns dos corredores regenerados, por meio da dispersão das sementes, contribuem para o desenvolvimento e a composição das espécies de plantas (Odum; Barrett, 2007).

As **perturbações** ocorrem em diferentes períodos de tempo e alteram a estrutura, o meio físico e o funcionamento de uma população, um ecossistema ou uma paisagem. Ao criarem novas manchas, as perturbações aumentam a variedade das paisagens, conforme pode ser observado nas florestas, nas quais, devido à queda de algumas árvores, em decorrência de perturbações como ventos, incêndios e ataques de insetos, são encontradas árvores com diferentes idades e tamanhos. As perturbações criam novos hábitats para espécies oportunistas, e a suspensão das suas consequências, com a manutenção de uma estrutura especializada uniforme e constante, provoca a perda da biodiversidade do ambiente. Quando uma perturbação altera o tamanho da mancha e a conectividade, a abundância e a dispersão das espécies também é afetada (Dajoz, 2008).

Nas paisagens que sofreram pouca alteração, normalmente, a estrutura horizontal apresenta pouco contraste. As regiões que apresentam uma estrutura paisagística semelhante são extensas, e as áreas de transição (ou bordas ou ecótonos) são muito importantes. Nas paisagens alteradas, os componentes apresentam superfícies menores e a dispersão entre eles é rápida. A dispersão entre uma mancha florestal e as culturas ao seu redor ocorre por meio das áreas de transição, as quais permitem a passagem da floresta às culturas, o que pode ocorrer de forma rápida, artificial ou progressiva (Dajoz, 2008).

A alteração de um biótopo afeta os ambientes vizinhos devido às constantes trocas que ocorrem entre os diferentes ecossistemas de uma paisagem. Tal situação deve ser considerada quando se deseja preservar uma determinada área que poderá ser alterada por perturbações que ocorrerem fora dos seus limites. Interações entre ecossistemas podem ser decorrentes do intercâmbio de matéria e energia. Essa estrutura em mosaico das paisagens afeta intensamente a dinâmica dos minerais (Dajoz, 2008).

A **área de transição** (ou, como dissemos, *bordas* ou *ecótonos*) é o ambiente que permite a passagem de uma forma gradual de uma região para outra. Um ecótono tem uma largura média de 10 a 100 metros, apresentando, muitas vezes, maior biodiversidade e complexidade estrutural quando comparado aos ambientes adjacentes a ele. Dessa forma, é possível encontrar espécies típicas do ambiente ecótono (Dajoz, 2008).

As zonas ribeirinhas são áreas de transição que ocorrem entre os ambientes terrestre e aquático. A fauna e a flora dessas áreas têm a composição afetada pela luminosidade, pelo teor da água e pela granulometria do solo. Além disso, as zonas ribeirinhas apresentam efeito tampão, ao reter e absorver material carreado pela água, o que pode vir a impedir que os corpos de água sejam eutrofizados ou poluídos. Ao criarmos zonas ribeirinhas ao longo dos rios, podemos restaurar a qualidade da água de superfície, pois, assim, elementos como nitrogênio e fósforo são retidos, a temperatura da água diminui devido à sombra proveniente das árvores, as margens são estabilizadas, os riscos de erosão diminuem e diferentes espécies da fauna e da flora encontrarão, nesse local, um novo hábitat.

A preservação da fauna ocorre quando a estrutura das bordas mantém o microclima ideal e permite a existência da flora necessária para sustentar as espécies fitófagas (espécies que se alimentam de plantas). As borboletas, por exemplo, preferem as trilhas, áreas abertas e nas quais obtêm nutrientes e luz para sua reprodução. Contudo, outros insetos, como os coleópteros (besouros), preferem as áreas internas e abertas das florestas que fornecem condições ideais de luminosidade e microclima. A redução da abundância e da riqueza de espécies de vários grupos de insetos diminui quando a cobertura vegetal e a área sombreada aumentam.

As rotas ou os caminhos apresentam um microclima característico que acaba fazendo desses locais barreiras intransponíveis para os insetos com asas. As estradas, segundo Braun e Flückiger (1984; 1985), representam uma fonte de poluição para as florestas devido à seca provocada pela sua abertura e pelos ventos provenientes da passagem dos carros. Estudos como os de Reijnen e Foppen (1995) demonstram que a densidade das aves nas áreas próximas às estradas é reduzida, o que se deve ao barulho dos veículos. Contudo, a vegetação que permanece na beira das estradas, próxima às áreas de intensa exploração agrícola, constitui um ambiente complementar à paisagem, podendo permitir o aumento da diversidade e da abundância de algumas espécies de aves (Meunier; Verheyden; Jouventin, 1999, citados por Dajoz, 2008). As borboletas e outros insetos também podem encontrar ambientes favoráveis na beira de estradas (Munguira; Thomas, 1992).

Por serem ambientes estreitos, longos e com grandes áreas de borda, os corredores permitem a conservação de várias espécies, pois permitem que populações isoladas voltem a entrar em contato com elementos importantes para sua manutenção e sobrevivência. No entanto, as áreas de reserva não devem ser substituídas por corredores, que devem ser vistos apenas como uma medida complementar para a conservação da biodiversidade local (Forman, 1991).

Uma **metapopulação** é o conjunto de populações de áreas separadas que se intercomunicam por meio da dispersão de indivíduos (Hanski, 1991; Hanski; Gilpin, 1991). Sua formação é favorecida pela fragmentação dos ambientes originais, mas também pode surgir em áreas contínuas, nas quais se observa a distribuição agregada das espécies (Pinto-Coelho, 2007).

Duas situações podem ser observadas em uma metapopulação: o ganho de populações decorrentes da colonização de manchas vazias e a perda de populações graças à extinção. Em paisagens compostas por um mosaico de micro e macroambientes, que estão cada vez mais alterados pela ação humana, grupos de indivíduos em cada mancha discreta podem ser extintos em algum momento, mas a mancha pode ser recolonizada por indivíduos de uma mancha próxima se houver um corredor navegável ligando-as (Odum; Barrett, 2007).

Podem ser reconhecidos diferentes tipos de metapopulações, como a **metapopulação continente-ilha** (*mainland island metapopulation*) (Figura 1.3 A), a **população em manchas** (*patchy population*) (Figura 1.3 B) e a **metapopulação em desequilíbrio** (*non equilibrium metapopulation*) (Figura 1.3 C).

A metapopulação continente-ilha é caracterizada por apresentar uma área principal, ocupada por uma população maior e que serve de fonte de colonizadores para as populações das áreas periféricas menores, nas quais, devido à imigração, são observados eventos de extinção e recolonização. A população em manchas, por sua vez, caracteriza-se pela movimentação constante dos indivíduos que fazem parte do seu conjunto de populações as quais não se extinguem. Já a metapopulação em desequilíbrio é representada pela ausência de colonização entre as populações dos fragmentos, que acabam se extinguindo.

Outro tipo de metapopulação (Figura 1.3 D) é caracterizada pela existência de pequenas populações interconectadas que inibem a extinção do núcleo e atuam como fonte de recolonização para as populações periféricas (Dajoz, 2008).

Figura 1.3 – Representação dos tipos de metapopulações: A) continente-ilha; B) população em manchas; C) metapopulação em desequilíbrio; D) combinação dos tipos A e B

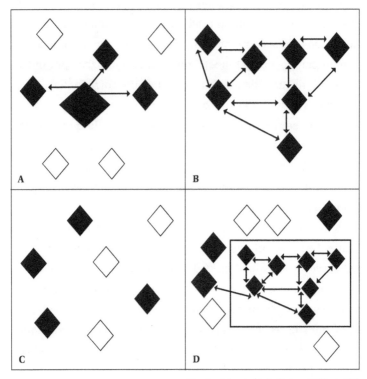

Fonte: Adaptado de Dajoz, 2008, p. 353.

O primeiro modelo para lidar com a dinâmica de uma metapopulação foi formulado por Levins e pode ser descrito pela equação: dp/dt = [mp · (1 - p)] - ep. Nesta equação, **dp** representa a quantidade de manchas ocupadas pela espécie em um período de tempo **dt**; **mp** é a taxa (probabilidade) de colonização de manchas vazias pela espécie; **ep**, a probabilidade da espécie se extinguir (mortalidade e/ou emigração); e **p** é a razão entre a probabilidade da espécie se extinguir (ep) e a probabilidade da espécie colonizar manchas vazias (mp), ou seja: p = ep/mp. (Pinto-Coelho, 2007).

As metapopulações só persistem se a taxa de colonização for maior do que a de extinção – a extinção é tanto menor quanto maior for a superfície ocupada; já a colonização será menor quando a quantidade de ambientes ocupados for maior e quando o isolamento entre as populações aumentar (Dajoz, 2008). Nos casos em que a colonização e a extinção estiverem em equilíbrio, o tamanho da população pode permanecer praticamente o mesmo (Odum; Barrett, 2007). Com isso, a manutenção da espécie – e, como consequência, da população – é mais dependente da capacidade de migração de uma mancha para a outra do que da natalidade e da mortalidade da mancha.

A colonização de uma área está relacionada à sua superfície, às exigências das espécies e aos seus comportamentos. Para Hanski (1994), existem quatro leis relativas à colonização:

1. À medida que a superfície dos meios aumenta, ocorre o aumento da percentagem de ocupação dos meios por uma espécie;
2. A proporção de ocupação dos meios diminui conforme o seu isolamento;
3. A possibilidade de ocupação dos meios diminui com o seu isolamento;
4. A possibilidade de extinção das espécies é menor quanto maiores forem a superfície dos meios ocupados e o número de indivíduos.

Com o objetivo de chegar ao local no qual se reproduzirão, parte dos indivíduos de uma população pode se movimentar para fora do seu hábitat natural – a este deslocamento chamamos *dispersão*. A dispersão difere da migração, pois esta significa a movimentação maciça de um grupo de indivíduos que, algumas vezes, retorna ao seu hábitat inicial. Os processos de dispersão são percebidos, por exemplo, quando insetos alados nucleados são observados ou capturados em abundância no mar ou ao longo das costas (Dajoz, 2008).

A dispersão pode ser desencadeada por três fatores principais. O primeiro é a mudança de um hábitat que se tornou inadequado para outro com condições melhores, fator mais observado na dispersão das espécies que ocupam áreas de charcos ou poças do que nas das que habitam áreas permanentes. O segundo é a reação dos indivíduos da espécie a eventos relacionados à competição, fator que pode ser observado em espécies cujos grupos formados por indivíduos jovens ou adultos estão mais bem adaptados a uma determinada situação, como a disputa por fêmeas ou a agressividade entre eles, e um desses grupos se dispersa melhor. O terceiro fator está relacionado a mecanismos que evitam a consanguinidade, o que pode ser observado em populações cujas fêmeas acasalam preferivelmente com machos originários de uma colônia diferente (Hansson, 1991).

A dispersão de mamíferos e insetos é mais comum entre os machos, ao passo que nas aves a dispersão é mais comum entre as fêmeas (Dajoz, 2008). Estudos como os de Morris (1982) e Joly e Grolet (1996) demonstram que os indivíduos mais jovens se dispersam melhor do que os mais velhos, e que a dispersão é mais vantajosa quando ocorre antes que seja atingida a maturidade sexual.

Estudo de caso

Estudo da comunidade de peixes do Rio Bacacheri

Com o objetivo de conhecer a comunidade de peixes do Rio Bacacheri, localizado na cidade de Curitiba, no Estado do Paraná, e de analisar como as ações antropogênicas afetam a vida desses animais, foram realizadas amostragens mensais, entre os anos de 2008 e 2009, em dois pontos do rio.

No ponto um, o rio apresenta largura de aproximadamente 2 m, profundidade de 50 cm, água levemente turva, correnteza fraca, com sedimento de fundo arenoso; ainda, há a presença de mata ciliar composta por arbustos e árvores em apenas uma das suas margens, e a margem oposta apresenta gramíneas.

No ponto dois, o rio apresenta largura de aproximadamente 1 m, profundidade de aproximadamente 80 cm, sedimento predominantemente lodoso e também muito dissolvido, correnteza e oxigenação fracas; nas suas margens, são observadas apenas gramíneas e há muito resíduo orgânico e de cascalhos tanto nas suas margens quanto no seu leito.

Em cada momento amostral, foram obtidas informações sobre alguns componentes abióticos do sistema, tais como oxigênio dissolvido, potencial hidrogeniônico (pH) e temperatura, os quais podem interferir na composição da comunidade de peixes considerada amostragem.

O oxigênio dissolvido na água é um fator limitante em ambientes aquáticos com grande quantidade de matéria orgânica e também em lagos. Caracteristicamente, os ambientes aquáticos têm uma quantidade de oxigênio muito menor do que a presente na atmosfera. O oxigênio entra nesse ambiente por difusão do ar ou pela fotossíntese das plantas aquáticas. Além disso, a capacidade de manutenção do oxigênio na água depende da temperatura e dos sais nela dissolvidos.

Dessa forma, a solubilidade do oxigênio aumenta com a queda da temperatura e diminui conforme a salinidade aumenta.

O potencial hidrogeniônico (pH) da água também é um fator abiótico importante nos ambientes aquáticos, porque, por meio da sua variação, podemos determinar a taxa de metabolismo total da comunidade, ou seja, a relação entre a fotossíntese e a respiração de todos os seres vivos que existem naquele ambiente, principalmente os microrganismos.

A temperatura da água, por sua vez, é outro fator limitante nesse tipo de ambiente, uma vez que a maioria das atividades dos indivíduos está restrita a uma determinada faixa de temperatura, a qual, para os organismos aquáticos, é menor do que para os organismos terrestres, devido ao fato de a temperatura na água apresentar uma amplitude de variação menor do que na terra.

Ao longo deste estudo, os componentes abióticos apresentaram variações entre os meses, o que pode estar relacionado à qualidade ambiental do rio.

O cálculo do índice da qualidade ambiental nos dois locais de estudo considerou a soma de dez parâmetros ambientais: tipo de fundo; característica do fluxo das águas; deposição de lama; depósitos sedimentares; presença de vegetação ripária; frequência de remansos; tipo de substrato; alteração do canal do rio; estabilidade das margens; e extensão da vegetação ripária. Tais parâmetros foram pontuados entre 0 (ambiente pobre) e 3 (ambiente ótimo).

O estudo demonstrou que o segundo ponto do estudo apresenta uma qualidade ambiental inferior, com valores entre 2 e 4, ao passo que a qualidade ambiental do primeiro ponto do estudo ficou com valores entre 19 e 20.

A análise dos 1.061 exemplares de peixes capturados indicou que a comunidade de peixes desse rio é composta por quatro espécies. Embora elas tenham sido registradas nos dois locais de estudo, o segundo ponto apresentou uma quantidade de peixes maior do que o primeiro, principalmente de uma espécie comum em áreas degradadas.

Fonte: Elaborado com base em Godefroid; Palmer, 2015.

Síntese

Neste capítulo, vimos que o conceito de ecologia evoluiu muito desde a sua proposição inicial, por Ernst Haeckel, em 1866, que a entendia como "a ciência capaz de compreender a relação do organismo com o seu ambiente" (Haeckel, 1866, citado por Townsend; Begon; Harper, 2010, p. 6). No entanto, atualmente a ecologia é vista como a área que estuda a forma de interação dos organismos entre si e com o meio em que vivem. Aprendemos também que essa ciência está inserida em outros ramos da biologia e das ciências em geral, e que para compreendermos o funcionamento de um ecossistema devemos considerar seus componentes bióticos e abióticos, bem como reconhecer seus níveis de organização ecológicos.

Questões para revisão

1. Descreva os níveis de organização ecológicos.

2. Explique por que não é possível representar um sistema ecológico sem considerá-lo no todo, por completo?

3. Analise as proposições a seguir e assinale aquela que representa corretamente como é composto um ecossistema:
   a) Apenas por componentes abióticos.
   b) Apenas por componentes bióticos.
   c) Por componentes bióticos e abióticos.
   d) Apenas por organismos autotróficos.
   e) Apenas por organismos heterotróficos.

4. Marque a seguir a alternativa que representa corretamente um estudo ecológico que tem enfoque descritivo:
   a) Realiza levantamento da fauna e da flora.
   b) Testa hipóteses por meio de experimentos de campo.
   c) Testa hipóteses por meio de experimentos em laboratório.
   d) Estuda apenas as plantas.
   e) Estuda apenas os animais.

5. Indique a seguir a sentença que explica corretamente por que um ecossistema é um sistema aberto:
   a) Porque nele ocorre apenas a entrada de componentes bióticos e abióticos.
   b) Porque nele ocorre a entrada e a saída de componentes bióticos e abióticos.
   c) Porque nele ocorre apenas a saída de componentes bióticos e abióticos.
   d) Porque nele ocorre apenas a entrada de componentes bióticos.
   e) Porque nele ocorre apenas a saída de componentes abióticos.

Questões para reflexão

1. Relacione aos estudos de ecologia os assuntos de outras ciências como geologia, geografia, física e química.

2. De que forma podemos aplicar os conceitos de ecologia para que as cidades apresentem um desenvolvimento sustentável? Elabore um breve texto explanando essa questão.

Para saber mais

Caso você queira saber um pouco mais sobre os estudos na área da ecologia realizados no Brasil, indicamos o *site* da Sociedade de Ecologia do Brasil (SEB):

SEB – Sociedade de Ecologia do Brasil. Disponível em: <http://www.seb-ecologia.org.br/>. Acesso em: 31 maio 2016.

2
Teoria geral de sistemas e conceito de ecossistemas

Conteúdos do capítulo:

- Considerações históricas sobre a teoria geral dos sistemas.
- Principais componentes bióticos e abióticos de um ecossistema.
- Características dos ecossistemas: natureza cibernética e estabilidade.
- Classificação e exemplos de ecossistemas.

Após o estudo deste capítulo, você será capaz de:

1. entender a teoria geral dos sistemas;
2. utilizar a modelagem ecológica no estudo dos ecossistemas;
3. mensurar a importância dos componentes bióticos e abióticos para os ecossistemas;
4. compreender a natureza cibernética e a estabilidade dos ecossistemas;
5. identificar os diferentes tipos de ecossistemas.

Neste capítulo, abordaremos algumas questões relacionadas à teoria geral dos sistemas e ao conceito de ecossistemas. Para isso, em um primeiro momento, examinaremos os aspectos históricos que levaram Ludwig von Bertalanffy a propor a teoria geral dos sistemas. Cientes das questões epistemológicas envolvidas nessa formulação, veremos de que forma essa teoria pode ser aplicada ao conceito de ecossistemas, para, depois, analisarmos quais foram os avanços obtidos com ela.

Em um segundo momento, identificaremos quais são os principais componentes bióticos e abióticos presentes em um ecossistema e veremos qual é a importância deles. O fato de os ecossistemas poderem ser considerados cibernéticos quanto à sua natureza será estudado em um terceiro momento, quando analisaremos como eles se comportam com relação à sua estabilidade. Em seguida, faremos algumas considerações a respeito das características dos diferentes biomas terrestres.

2.1 Considerações históricas sobre a teoria geral dos sistemas

Quando retomamos a história do conceito de *sistema*, percebemos que ele já era utilizado por pensadores como Aristóteles, Platão e Sócrates quando buscavam entender e explicar os fenômenos da natureza e do comportamento humano. Ao analisarmos a origem do termo *sistema*, do grego *syn*, "junto" ou "associado", e *thesis*, "composição" ou "união", percebemos que ele significa, literalmente, "uma construção solidária, unificada"; mas, fundamentalmente, esse termo preserva o significado de *síntese*, ou seja, um conjunto unificado, composto por partes solidárias e articuladas de forma organizada (Branco, 1999, citado por Lopes; Silva; Gourlart, 2015).

Mesmo antes de o termo *ecologia* ser cunhado, seu conceito já era aventado por pensadores como Nicolau de Cusa (1401-1464) e Leibniz (1646-1716), que utilizaram a designação *filosofia natural,* cada um a seu tempo, na noção da *coincidência dos opostos;* Paracelso (1493-1541), na sua medicina mística; Ibn Khaldun (1332-1406) e Vico (1668-1744), que consideraram a história como um conjunto de entidades (sistemas) culturais; e Marx (1818-1883) e Hegel (1770-1793), juntos, com a dialética (Bertalanffy, 2015).

Escritas ao longo da década de 1920, as obras de Köhler (1924; 1927) e de Lotka (1925) podem ser consideradas preliminares na área da teoria geral dos sistemas. Em seus textos, Köhler enfocou os sistemas físicos e, inicialmente, com as *gestalten* físicas (Köhler, 1924), já indicava a existência de uma teoria geral dos sistemas, embora tenha tratado essa questão de uma forma abrangente. Köhler (1927) sugeriu o postulado de uma teoria de sistemas que tinha como objetivo estabelecer as propriedades gerais dos sistemas inorgânicos comparadas com às dos sistemas orgânicos. Porém, a obra de Lotka (1925) foi a que mais próximo chegou do objetivo da teoria geral dos sistemas. Por isso, deve-se a ele algumas formulações básicas do conceito geral de sistema. Como estatístico, o interesse de Lotka se voltou mais para os problemas da população do que para os problemas biológicos do organismo individual. Assim, ele acabou concebendo as comunidades como sistemas e entendendo os indivíduos como a soma das suas células (Vale, 2012).

Na década de 1920, prevalecia uma visão mecanicista entre os biólogos que parecia desprezar ou negar o que é essencial nos fenômenos da vida, além de deixar lacunas na pesquisa e na teoria da biologia (Bertalanffy, 2015). É nesse cenário que Ludwig von Bertalanffy iniciou sua carreira científica e, junto com outros cientistas, voltou o pensamento para uma concepção segundo a qual os indivíuos são considerados como totalidade ou sistema, cabendo aos biólogos descobrir os princípios de organização nos diferentes níveis (Vale, 2012).

A necessidade de encontrar uma nova orientação para a ciência demonstrou que a fragmentação da visão mecanicista dificulta a compreensão dos problemas impostos pelo complexo mundo moderno. Em outras palavras, mostrou que os problemas teóricos nas ciências biossociais e os problemas práticos advindos da tecnologia moderna são insuficientemente analisados pelas séries causais isoláveis e pelo tratamento por partes (Bertalanffy, 2015).

A primeira noção de uma teoria geral de sistemas foi proposta por Bertalanffy antes dos avanços da ciência cibernética, da engenharia dos sistemas e da origem das áreas afins a esta. Inicialmente, a teoria foi utilizada em estudos de termodinâmica e biologia, sendo, posteriormente, aplicada na geografia. Ao utilizá-la, Tansley (1935) criou o conceito de *ecossistema*, que acabou tendo influência sobre os campos da geomorfologia e da geografia física (Sotchava, 1977; Tricart, 1977; Bertrand, 2004).

Em princípio, a finalidade da teoria geral dos sistemas foi desacreditada por ser considerada fantástica, presunçosa, trivial, falsa, desnorteadora, filosófica e metodologicamente infundada por diferentes razões, como o fato de as analogias superficiais que ela pressupunha esconderem diferenças e levarem a conclusões erradas e até moralmente inaceitáveis. Contudo, foi demonstrado que as objeções impostas a ela não anulavam a sua natureza – a saber, tentar fornecer e interpretar temas que ainda não apresentavam uma teoria científica. Assim, a teoria geral dos sistemas atendeu (e atende) a uma tendência que pode ser observada em diversas disciplinas, como na economia (Bertalanffy, 2015).

Os conceitos da teoria geral dos sistemas vêm sendo aplicados e aperfeiçoados por Bertalanffy desde 1947, e, a partir de 1956, vêm sendo difundidos por meio do *General Systems: Yearbook of the Society for General Systems Research* – a primeira revista anual a tratar do assunto. Além disso, diversos cientistas das áreas da psicologia, da psiquiatria e das ciências sociais também vêm utilizando a teoria geral de sistemas em seus estudos.

Com relação ao significado da teoria geral dos sistemas e da divisão da ciência em diversas áreas, há a procura por um referencial unificador que permita a comunicação entre um físico e um biólogo ou um cientista social, já que, independentemente da área, existem pontos comuns, como problemas e concepções.

Essa situação fica evidente quando verificamos que uma lei matemática, como uma lei exponencial de crescimento, pode ser aplicada na ecologia para o estudo de entidades diferentes, como células bacterianas, populações de bactérias, populações de animais e populações humanas. Assim, existem sistemas de equação que demonstram a competição das espécies na natureza, além de serem utilizados na ciência físico-química e na economia, o que está relacionado ao fato de essas entidades poderem ser tratadas como sistemas.

2.2 Principais componentes bióticos e abióticos do ecossistema

Como vimos no capítulo anterior, os sistemas abrangem desde sistemas genéticos até os ecossistemas, que são constituídos por componentes abióticos (luz solar, temperatura, umidade e nutrientes) e bióticos (genes, células, órgãos, indivíduos, populações e comunidades). A partir de agora, trabalharemos com cada um dos componentes principais do ecossistema.

De forma geral, podemos entender os componentes abióticos como a matéria e a energia utilizadas no sistema. A energia é a capacidade de realizar trabalho, seja na forma de radiação eletromagnética, seja na forma de energia potencial, de cinética ou de energia química, seja, ainda, na forma de calor. Quase toda a energia recebida pela biosfera é originária do Sol.

A primeira e a segunda leis da termodinâmica descrevem o comportamento da energia. Segundo a primeira lei, ou *lei da conservação de energia*, esta pode ser transformada em outro tipo de energia, mas não pode ser criada nem destruída. Já pela segunda lei, ou *lei da entropia*, nenhum processo que implique transformação de energia ocorrerá espontaneamente, a menos que ocorra degradação da energia de uma forma concentrada em outra forma mais dispersa ou desorganizada. Isso explica por que nenhuma forma de energia pode ser espontaneamente transformada em 100% de energia potencial. As transformações energéticas resultam em uma medida de energia não disponível chamada *entropia* (S), cuja variação, em qualquer transformação, é sempre positiva, ou seja, $S_2 - S_1 = \delta S > 0$ (Pinto-Coelho, 2007).

Os indivíduos, as populações, as comunidades, os ecossistemas e a biosfera, por sua vez, podem criar e manter uma condição de baixa entropia – entenda-se pequena quantidade de desordem ou de energia não disponível em um sistema ou um alto grau de ordem interna. Isso é obtido por meio de processos de dissipação de energia biologicamente contínuos e eficientes. Tal situação pode ser ilustrada quando percebemos que a manutenção da biomassa se deve à respiração e às biossínteses que expulsam do organismo as moléculas com estrutura menos organizada, as quais acabam por levar junto a entropia gerada ao longo do processo termodinâmico.

A maior parte da energia é eletromagnética e apenas uma parcela da energia tem origem corpuscular. A energia radiante é composta pelo campo elétrico e pelo campo eletromagnético e pode se propagar no vácuo. De acordo com as suas unidades de energia (quantidade) e da sua qualidade (frequência/comprimento de onda), podemos tipificar a energia radiante.

A energia eletromagnética emitida pelo Sol tem comprimento de onda muito variável, porém, quase a totalidade dessa energia (99%) apresenta comprimento de onda entre 0,15 e 4,0 µm. A luz visível está restrita à faixa de comprimento de onda entre 0,40 e 0,70 µm; já a luz violeta tem comprimento de onda igual a 0,43 µm, e a radiação na faixa do infravermelho, comprimento de 0,76 µm. As radiações conhecidas como *raios gama*, *raios X* e *raios cósmicos* apresentam comprimento de onda inferior ao ultravioleta; já as radiações conhecidas como *ondas* (de radar, de rádio, hertzianas), têm comprimento de onda superior ao ultravioleta; já podem ser refletidas pela atmosfera. A visão dos seres humanos é sensível principalmente ao amarelo e ao verde (Pinto-Coelho, 2007).

A teoria dos *quanta*, proposta por Max Planck, em 1900, postula que a emissão de energia radiante é descontínua e implica uma estrutura granular de energia chamada de *quantum*, que é expressa pela equação: $E = h \cdot v$. Nessa equação, **h** representa a constante de Planck, que tem valor provável de $6,625 \cdot 10^{-34}$ J · s, e **v**, o número de ordens por segundo.

A energia de um *quantum* equivale à de um fóton. Uma vez que, quanto maior for a frequência, menor será o comprimento de onda, podemos concluir que os fótons na região da luz violeta têm mais energia do que os da região da luz vermelha.

A constante solar é a taxa constante de luz solar que chega à parte iluminada da biosfera (E = 1,94 cal/cm² por minuto ou 135,2 mW/cm²). Porém, no máximo, 67% ($\cong$ 1,34 cal/cm² por minuto) dessa constante pode atingir a superfície da Terra (Pinto-Coelho, 2007).

Quando atravessa a atmosfera terrestre, a radiação solar sofre algumas alterações qualitativas e quantitativas, as quais são afetadas por diversos fatores, como a topografia, a latitude, o clima e a composição de gases. Tal situação pode ser observada quando constatamos que o Equador recebe uma quantidade de radiação que oscila entre 7.900 e 8.200 cal/cm² por dia, os polos recebem entre zero e 1.100 cal/cm² por dia e, diariamente, o fluxo de energia na maior parte dos ecossistemas está entre 100 e 800 cal/cm² por dia (Pinto-Coelho, 2007).

A composição de gases da atmosfera terrestre afeta pouco a luz visível, mas afeta muito a radiação infravermelha, principalmente devido à ação do vapor de água e do gás carbônico. Enquanto este último absorve intensamente a radiação infravermelha com comprimento de onda entre 2,0 e 20,0 μm, aquele absorve radiação com comprimento de onda entre 0,8 e 10,0 μm. É por isso que o efeito estufa, fenômeno referente ao aumento da temperatura média do planeta, tem sido relacionado ao aumento da concentração de gás carbônico na atmosfera (Pinto-Coelho, 2007).

Ao atravessar a atmosfera, a radiação solar é dissipada. Com isso, 47% dessa radiação chega à superfície terrestre; 25% é refletido; 10% é absorvido pelas nuvens; 9% é absorvido pelos gases da atmosfera; e os outros 9% sofrem difusão (Kormondy, 1976).

Nos ambientes aquáticos, as maiores alterações qualitativas e quantitativas de radiação ocorrem nos primeiros metros de profundidade. Uma vez que cada comprimento de onda tem um coeficiente de absorção, as variações nos níveis de radiação absorvidos nos ambientes aquáticos se devem às grandes diferenças apresentadas pelo coeficiente de absorção. Isso explica, por exemplo, o fato de as águas de lagos profundos e oceanos serem mais azuis conforme aumenta a profundidade, o que está relacionado à absorção de quase todos os maiores comprimentos de onda nos primeiros metros de profundidade. Ao seguirmos essa linha de pensamento, percebemos que, no primeiro metro de profundidade, a maior parte da radiação infravermelha é absorvida.

A evaporação da água, a formação dos ventos térmicos, as correntes oceânicas e o calor são determinados pela radiação líquida. Esse tipo de radiação é maior nos oceanos do que nos mares e, se por algum motivo, ocorrer a diminuição da sua saída, a temperatura da biosfera aumentará.

O sensoriamento remoto para mapear uma vegetação leva em consideração o fato de a luz azul (0,4 µm), a luz vermelha (0,6 µm) e a radiação infravermelha longa serem absorvidas pela clorofila das plantas, e a luz verde e a radiação infravermelha próxima serem refletidas por elas. Como a maior parcela da energia solar está concentrada na radiação infravermelha próxima, quando uma planta reflete esse tipo de radiação, ela está se adaptando a um ambiente mais quente, cujas altas temperaturas poderiam matá-la (Pinto-Coelho, 2007).

As unidades mais frequentemente utilizadas para representar o fluxo de energia são a **caloria** (cal), o **joule** (J), o **watt** (W) e o **cavalo-vapor** (cv). A caloria é a quantidade de energia térmica utilizada para elevar em 1 °C um grama de água destilada a 15 °C (de 14,5 °C a 15,5 °C). O joule representa a quantidade de energia necessária para elevar 1 kg (quilograma) até a altura de 1 metro. Já o watt representa 1,0 J/s, ou 0,239 cal/s. O cavalo-vapor, por sua vez, equivale a 750 W (Pinto-Coelho, 2007).

A umidade e a temperatura são importantes para os ambientes terrestres e interagem tão intimamente entre si que são considerados os mais importantes parâmetros climáticos. Essa interação depende dos valores absolutos e relativos de cada uma (umidade e temperatura); assim, um efeito limitante maior da temperatura sobre os organismos de uma região será observado quando a umidade for muito elevada ou quando ela for muito baixa; da mesma forma, a umidade é crítica em condições extremas de temperatura, razão pela qual alguns organismos são mais tolerantes a temperaturas mais altas quando a umidade é baixa ou moderada (Odum, 1988).

Quanto ao clima terrestre, ele pode ser dividido, basicamente, em dois tipos: o clima continental, que apresenta extremos de temperatura e umidade; e o clima marítimo, que, devido ao efeito moderador das grandes massas de água, está menos sujeito aos extremos observados no clima continental (Odum; Barrett, 2007).

Aproximadamente 50% dos elementos químicos existentes na tabela periódica são fundamentais para as plantas e/ou para os animais. Segundo Hutchinson (1957, p. 416),

> de todos os elementos presentes nos organismos, é provável que o fósforo seja o mais importante em termos ecológicos, porque a proporção entre o fósforo e os outros elementos dos organismos tende a ser consideravelmente maior do que a proporção nas fontes primárias dos elementos biológicos. Portanto, é mais provável que uma deficiência de fósforo limite a produtividade de uma dada região da superfície terrestre do que uma deficiência de qualquer outro material, exceto a água. [tradução nossa]

O cálcio, por exemplo, é importante para a formação do esqueleto dos vertebrados e das conchas dos moluscos; o magnésio, por sua vez, está diretamente relacionado ao funcionamento do ecossistema, porque é essencial para a clorofila. Quando utilizados em grande quantidade, os elementos químicos e os compostos formados por eles são chamados de *macronutrientes*. A distinção entre *macronutrientes* e *micronutrientes* não é tão nítida na natureza, pois, enquanto alguns elementos, como sódio e cloro, são utilizados em grande quantidade pelos vertebrados, sendo considerados *macronutrientes*, são pouco utilizados pelas plantas – nesse caso, são considerados *micronutrientes* (Odum; Barrett, 2007).

Os elementos químicos e compostos utilizados em pouca quantidade, o que ocorre principalmente na formação de enzimas, são chamados de *micronutrientes* ou *elementos-traço*, fato que parece ter relação com a pouca disponibilidade desses elementos na natureza, o que acaba os tornando fatores limitantes importantes (Odum, 1988). A capacidade de se medir pequenas quantidades de micronutrientes tem se tornado maior à medida que são desenvolvidas novas técnicas de microquímica, espectrografia, difração de raios X e análise biológica. Estudos experimentais têm sido desenvolvidos graças à disponibilidade de radioisótopos para vários micronutrientes (Odum; Barrett, 2007).

É comum o registro de doenças de deficiência, decorrentes da falta de micronutrientes, em animais e plantas. Na natureza, essas doenças podem estar relacionadas à história geológica da região ou a alguma forma de deterioração do ambiente (Odum, 1988).

Para as plantas, os principais micronutrientes são o ferro, o manganês, o zinco, o cloro, o vanádio, o molibdênio, o boro, o cobalto, o cobre e o silício. Essa importância reside no fato de esses micronutrientes serem utilizados na fotossíntese, no metabolismo do nitrogênio e em outras funções metabólicas. No caso dos animais, os principais micronutrientes são o ferro, o manganês, o zinco, o cloro, o vanádio, o molibdênio, o cobalto, o cobre, o silício, o selênio, o cromo, o níquel, o flúor, o iodo e o estanho (Odum; Barrett, 2007).

Em termos ecológicos, os principais componentes bióticos de um ecossistema são os indivíduos (organismos), as populações e as comunidades. Como vimos no Capítulo 1, o **indivíduo** é a unidade fundamental da ecologia ou o sistema ecológico elementar, porque suas unidades, moléculas, células, tecidos histológicos, órgãos e sistemas orgânicos não têm como sobreviver no ambiente externo a ele. Para isso, eles metabolizam a energia e os nutrientes extraídos do ambiente e liberam os refugos metabólicos. Assim, os organismos afetam as condições do ambiente, a disponibilidade de recursos, o ciclo dos elementos naturais e o fluxo de energia. A **população**, por sua vez, é representada pelo conjunto de indivíduos pertencentes a uma mesma espécie, que ocupam uma mesma área e se reproduzem entre si. Já uma **comunidade,** ou *biocenose,* é composta por todas as populações que ocupam a mesma área.

2.3 Características dos ecossistemas: natureza cibernética e estabilidade

Uma vez que um ecossistema apresenta fluxos de energia, de matéria, de comunicação física e de comunicação química unindo todas as suas partes, permitindo que todo ele seja regulado ou dirigido, podemos considerar que ele tem uma natureza cibernética. Na natureza, as funções de controle são internas, difusas e sem pontos de ajuste, resultando em um estado pulsante e não estável. De acordo com o rigor do ambiente externo e a eficácia dos controles internos, o grau em que se atinge a estabilidade de um ecossistema muda muito. Essa estabilidade pode representar a capacidade do ecossistema de se manter inalterado quando em estresse e é chamada de *estabilidade de resistência*; ou pode representar a capacidade de ele realizar uma rápida recuperação, caso em que é compreendida como *estabilidade de resiliência* (Odum, 1988).

Ao compararmos um sistema com controle automático, como o observado nos aparelhos mecânicos, com um não teleológico, como os ecossistemas, percebemos que o controle é dependente da retroalimentação – esta ocorre quando uma parte da saída retorna como entrada. Quando a retroalimentação é positiva, a quantidade de componentes aumenta, o desvio de entrada é acelerado e ela se torna fundamental para o crescimento e a sobrevivência do sistema. Porém, para que se alcance o controle, deve ocorrer a retroalimentação negativa, que acaba neutralizando o desvio de entrada. A quantidade de energia relacionada à retroalimentação negativa pode ser muito pequena se comparada ao fluxo total de energia.

Umas das principais características dos sistemas cibernéticos são os componentes de baixa energia, que na retroalimentação têm efeito amplificado de alta energia (Odum; Barrett, 2007).

Os engenheiros chamam os processos mecânicos de retroalimentação de *servomecanismos*, e os biólogos utilizam a expressão *mecanismo homeostático* quando se referem a processos organísmicos. Os servomecanismos e os organismos têm um controlador distinto, mecânico ou anatômico, com ponto de ajuste especificado, como é o caso do centro cerebral que controla a temperatura do corpo. Por outro lado, nos grandes ecossistemas, a interação existente entre os ciclos de materiais, os fluxos de energia e as retroalimentações dos subsistemas formam a homeostase autocorretiva, que não utiliza controle e ponto de ajuste externo. Nos ecossistemas, os mecanismos de controle são os subsistemas microbianos (que regulam o armazenamento e a liberação de nutrientes e os mecanismos de comportamento) e os subsistemas de predador e presa (que controlam a densidade da população) (Odum, 1988).

O comportamento cibernético dos ecossistemas é dificilmente percebido, porque seus componentes estão interligados por diferentes mensageiros físicos e químicos. A energia utilizada nas interligações fica cada vez mais difusa e fraca com o aumento das escalas de espaço e de tempo (Odum; Barrett, 2007).

O controle por meio da retroalimentação e a redundância nos componentes funcionais contribuem para a estabilidade dos sistemas. Tal situação é verificada quando percebemos que a taxa de fotossíntese de uma comunidade pode ficar constante, mesmo com alterações na temperatura, devido ao fato de as espécies autotróficas apresentarem diferentes faixas ideais de temperatura operacional. Isso permite que se obtenha uma resposta controlada a uma determinada perturbação mesmo que não ocorra retroalimentação (Odum, 1988).

As populações e os ecossistemas apresentam mais de um estado de equilíbrio e com frequência retornam a um estado de equilíbrio diferente do anterior depois que ocorre uma perturbação (Holling, 1973; Hurd; Wolf, 1974). O gás carbônico liberado pelas atividades humanas é apenas parcialmente absorvido pelo sistema carbonado do mar e por outros depósitos de carbono; contudo, se a entrada de gás carbônico aumentar, os novos níveis de equilíbrio atmosférico serão maiores. Na maioria dos casos, os controles de regulação surgem depois que ocorre um período de ajuste evolutivo. Com isso, enquanto nos ecossistemas mais velhos os componentes tiveram tempo de se ajustar em conjunto, nos ecossistemas novos, percebe-se uma forte oscilação e uma tendência de se desenvolver uma superabundância de algum componente (Odum; Barrett, 2007).

O nível de estabilidade de um ecossistema depende da sua história evolutiva, da eficiência dos seus controles internos, da natureza do seu ambiente de entrada e talvez da sua complexidade. Podemos constatar uma tendência de os ecossistemas serem mais complexos em regiões fisicamente benignas do que naquelas em que estão sujeitos a perturbações aleatórias e imprevisíveis de entrada (por exemplo, tempestades). A complexidade estrutural parece aumentar menos a estabilidade do que a complexidade funcional, que apresenta mais circuitos de retroalimentação (Odum, 1988).

No contexto ecológico podem ser reconhecidos dois tipos de estabilidade: a primeira é a estabilidade de resistência, que reflete quanto um ecossistema suporta as perturbações e mantém intactas suas funções e estrutura. A segunda é a estabilidade de resiliência, a qual demonstra a capacidade de o ecossistema se recuperar de uma perturbação. Esses dois tipos de estabilidade são, na maioria das vezes, excludentes, ou seja, dificilmente se desenvolvem ao mesmo tempo. Geralmente, esperamos que os ecossistemas em ambientes físicos propícios apresentem estabilidade de resistência maior do que a estabilidade de resiliência, e que ecossistemas de ambientes físicos incertos apresentem esta maior do que aquela (Odum; Barrett, 2007).

2.4 Classificação e exemplos de ecossistemas

A classificação dos ecossistemas leva em consideração tanto suas características estruturais quanto funcionais. Contudo, não existe unanimidade com relação a essa classificação, mas algumas abordagens podem ser utilizadas para propósitos úteis (Odum, 1988).

Os tipos e a quantidade de organismos, o padrão de funcionamento e de desenvolvimento e o estilo de vida dos seres humanos podem ser determinados em maior ou menor grau pela fonte da energia disponível, bem como pela sua qualidade. O Sol e os combustíveis químicos ou nucleares são as fontes de energia dos ecossistemas. Assim, os sistemas podem ser diferenciados em: movidos a luz do Sol e movidos a combustível (Odum; Barrett, 2007).

Considerando-se a energia como critério de classificação, podemos distinguir quatro tipos de ecossistemas. O primeiro tipo é o dos **ecossistemas naturais movidos a energia solar**, não subsidiados, dependentes parcialmente ou totalmente dessa energia e com poucas fontes alternativas de energia disponíveis para aumentá-la ou complementá-la. Esse tipo de ecossistema é representado pelos oceanos abertos, por florestas de grande porte, campos de planaltos e grandes lagos. Como, normalmente, eles também são limitados pela falta de nutrientes ou de água, os ecossistemas desse grupo variam muito, geralmente recebem pouca energia e apresentam pouca produtividade ou capacidade de trabalho. Embora tenham densidade de potência baixa (2000 kcal/m²) e não sustentem uma grande quantidade de organismos, eles são importantes devido à grande extensão. Nesses ecossistemas, são observados alguns processos e serviços denominados *capital natural*. Como exemplos, podemos citar a purificação de grandes quantidades de água, a reciclagem da água e o controle do clima.

O segundo tipo é o dos **ecossistemas movidos a energia solar, porém, subsidiados naturalmente**. São caracterizados pela presença de fontes auxiliares de energia que podem ser utilizadas para aumentar a radiação do Sol. Por serem naturalmente produtivos, eles apresentam alta capacidade de suporte à vida, pois são capazes de produzir uma grande quantidade de matéria orgânica que pode vir a ser armazenada ou exportada para outros sistemas. Esse tipo de ecossistema é representado por estuários e florestas pluviais. Nos estuários, por exemplo, o subsídio de energia é decorrente de fontes de energia auxiliar representadas por marés, ondas e correntes que diminuem o custo de automanutenção do ecossistema e, com isso, permitem que uma maior quantidade de energia solar seja convertida em matéria orgânica.

O terceiro tipo compreende os **ecossistemas movidos a energia solar com subsídio humano**. Os seres humanos, ao subsidiarem energia por meio de combustível ou de outra forma, como por irrigação ou seleção genética, conseguem elevar a produtividade e canalizá-la para a produção de alimentos e de fibras. Os principais exemplos desse grupo são a agricultura e a aquicultura, ou seja, a cultura baseada na terra e a cultura baseada na água, respectivamente.

O quarto tipo é representado pelos **sistemas urbano-industriais movidos a combustível**, cuja principal característica é a substituição completa da energia solar pela energia dos combustíveis. Exemplos são encontrados em cidades, subúrbios e parques industriais. Nesse tipo de sistema, o suporte à vida, o alimento e o combustível dependem dos outros grupos de ecossistemas (Odum; Barrett, 2007).

A vegetação e as características estruturais físicas são utilizadas para a classificação dos biomas (Odum, 1988). Nos ambientes terrestres, as plantas são um componente notável na constituição da matriz da paisagem. Dessa forma, se tomarmos por base a flora madura e dominante, poderemos identificar e classificar os tipos de ecossistemas em biomas (Odum; Barrett, 2007). A floresta pluvial tropical, a savana, os campos temperados, o deserto, a floresta temperada, a taiga (floresta setentrional) e a tundra são exemplos desses biomas terrestres (Townsend; Begon; Harper, 2010).

Nos ambientes aquáticos, as plantas são pequenas e não conspícuas. Por isso, para classificarmos os tipos de ecossistemas aquáticos, devemos identificar os seus atributos físicos (Odum, 1988). O oceano, a plataforma continental, as regiões de ressurgência, as fontes hidrotermais, os estuários, os manguezais e os recifes de coral são exemplos de ecossistemas marinhos. Por sua vez, lagos, rios e áreas úmidas de água doce são exemplos de ecossistemas de água doce (Odum; Barrett, 2007).

2.4.1 Floresta pluvial tropical

Com uma produtividade acima de 1 kg de carbono fixado por metro quadrado por ano, a floresta pluvial tropical pode ser considerada o bioma mais produtivo do planeta. Os fatores responsáveis pela alta produtividade são a elevada incidência de radiação solar e a chuva abundante e regular. A maior produtividade da floresta pluvial tropical ocorre no seu dossel, que apresenta uma densa folhagem perene. Frequentemente, esse bioma abrange plântulas e árvores jovens em estado latente e que só crescerão se for aberta uma clareira no dossel. Praticamente, toda fotossíntese, floração, frutificação, predação e herbivoria são registradas no dossel. A vegetação é composta por árvores e outras plantas, como as trepadeiras e lianas, que chegam até o dossel escalando as árvores ou crescendo como epífitas.

Nesse ecossistema, a riqueza de espécies é elevada, sendo raros os casos de comunidades dominadas por poucas espécies, fato que, em parte, está relacionado com a estabilidade das manchas de floresta pluvial durante os períodos glaciais. A alta diversidade animal da floresta pluvial tropical está vinculada à sua diversidade vegetal. Durante todo o ano, diversos tipos de folhas jovens, frutos e sementes permitem que animais herbívoros e frugívoros encontrem alimento. Somado a isso, existem as flores, que atraem os insetos e outros animais polinizadores. O solo dessa área apresenta grande atividade biológica: a rápida decomposição da serapilheira deixa a superfície do solo praticamente toda exposta; nutrientes minerais existentes nas folhas caídas são liberados e, com o auxílio da água da chuva, penetram no solo e podem atingir estratos mais profundos do que aqueles nos quais podem ser recuperados pelas raízes (Townsend; Begon; Harper, 2010).

2.4.2 Savanas

As savanas apresentam vegetação composta por campos com pequenas árvores esparsas e grandes áreas sem vegetação. Nesse grupo, podemos incluir os *llanos* da Venezuela, as savanas de pinheiros da América Central e o cerrado do Brasil. Os fatores que limitam o desenvolvimento florestal nesses ecossistemas são a baixa precipitação (< 50 mm), durante 3 a 4 meses do ano, os incêndios (tanto naturais quanto causados pelo homem) e a herbivoria ou pastagem.

A precipitação sazonal limita o crescimento das plantas em alguns períodos do ano, mas, em outros períodos, permite o desenvolvimento delas, fazendo com que, por um certo período, seja fornecida uma grande quantidade de alimento para os herbívoros, e durante o restante do ano sofram de fome. Os incêndios são mais comuns nos períodos de seca e, assim como a herbivoria, favorecem o desenvolvimento de gramíneas mais resistentes do que as outras plantas, porque protegem seus meristemas em gemas no nível do solo ou abaixo dele (Ricklefs, 2003).

2.4.3 Campos temperados

Nesse tipo de bioma, estão incluídas as pradarias da América do Norte, os pampas da América do Sul e as estepes da Rússia. Nesses ambientes, os principais fatores impactantes são a seca sazonal e a herbivoria, e há maiores abundância e biomassa de invertebrados herbívoros do que as de vertebrados.

Campos cultivados com aveia, trigo, milho, cevada e centeio têm substituído os campos naturais e fornecem alimento para os seres humanos. Nas áreas onde esse tipo de substituição não é viável, os campos naturais têm dado lugar a pastos voltados à criação de animais para a produção de carne e leite (Townsend; Begon; Harper, 2010).

2.4.4 Desertos

Os desertos representam áreas nas quais a precipitação atmosférica fica abaixo de 250 mm por ano. Normalmente, quando pensamos nesse tipo de bioma, somos levados a acreditar que eles apresentam alta temperatura, como no Saara (na África), mas existem outros em que a temperatura é extremamente baixa, como o Deserto de Gobi (entre a China e a Mongólia).

Os desertos quentes, muito áridos, assim como os desertos frios da Antártida, não apresentam vegetação. Nos áridos, a precipitação atmosférica é imprevisível, mas é suficiente para permitir o desenvolvimento de vegetação. Algumas dessas plantas são oportunistas, germinam graças ao estímulo da chuva, crescem rapidamente e em poucas semanas produzem suas sementes. Por sua vez, outras são perenes e têm mecanismo fisiológico lento, podendo aguentar grandes períodos de tempo de inatividade fisiológica. A baixa produtividade dos desertos áridos e a indigestibilidade de muitas plantas são refletidas na baixa diversidade de animais (Begon; Townsend; Harper, 2007).

2.4.5 Florestas temperadas

As florestas temperadas apresentam grande diversidade de vegetação. Esse tipo de bioma é encontrado nas florestas de coníferas latifoliadas da América do Norte, do norte e do centro da Europa e nas florestas úmidas com árvores latifoliadas e perenifoliadas da Flórida (Estados Unidos) e da Nova Zelândia.

A maioria das florestas temperadas apresenta, em algum período do ano, pouca disponibilidade de água no estado líquido devido à sua evaporação ser maior do que a precipitação atmosférica e do que a água disponível no solo.

Grande parte das florestas temperadas apresenta árvores decíduas, que perdem suas folhas no período do outono e ficam em estado dormente. Frequentemente, o solo desses biomas é habitado por ervas perenes, principalmente por espécies cujo crescimento é rápido e ocorre antes da nova vegetação arbórea. Essas florestas fornecem alimento para animais com típica ocorrência sazonal, como é o caso de algumas aves que as habitam durante a primavera e no resto do ano migram para locais mais quentes (Begon; Townsend; Harper, 2007).

2.4.6 Taiga (floresta setentrional)

A taiga, ou *floresta setentrional*, é muito desenvolvida no Canadá e no norte da Eurásia. Durante o ano, esse bioma apresenta quatro meses com temperaturas acima dos 10 °C, seis meses com temperaturas abaixo de 0 °C e, entre 120 e 200 dias por ano, fica coberto de neve. A taiga é um bioma recente, que abriga poucas espécies e tem vegetação resistente ao frio. Assim como a decomposição da serapilheira, na taiga o crescimento das árvores também é lento e sua produtividade primária é baixa.

As desigualdades apresentadas pelo terreno e os incêndios tornam esse bioma heterogêneo, com um tipo de vegetação característica nas áreas um pouco elevadas e outro tipo de vegetação nas depressões. Suas regiões úmidas favorecem o desenvolvimento de espécies de insetos aquáticos, como os mosquitos. Os grandes mamíferos, como cervídeos, alces e renas alimentam-se de brotos, cascas e líquens, enquanto ursos, lobos e raposas são os carnívoros da cadeia alimentar desse bioma (Dajoz, 2008).

2.4.7 Tundra

O bioma tundra ocorre além do Círculo Polar Ártico e nas ilhas subantárticas do Hemisfério Sul. Contudo, as regiões similares a montanhas altas, localizadas acima das altitudes em que as árvores crescem, recebem o nome de *tundra alpina*. Esse bioma tem como principal característica o *permafrost*, ou seja, a existência de água congelada no solo. A água em estado líquido só ocorre durante um pequeno período de tempo ao longo do ano. No verão, espécies migratórias enriquecem a fauna nativa de aves e mamíferos. Os insetos, por sua vez, apresentam comportamento sazonal bem definido.

A vegetação é tipicamente composta por líquens, musgos, ciperáceas e árvores anãs. Nas regiões mais frias, somente os líquens e musgos resistem às baixas temperaturas e a vegetação típica é substituída pelo deserto polar. A riqueza de espécies de plantas superiores, excetuando-se os líquens e musgos, diminui do Baixo Ártico para o Alto Ártico. Na Antártida, a vegetação constituída por duas espécies de plantas vasculares nativas (alguns líquens e musgos) é capaz de sustentar poucos invertebrados de pequeno porte. Concentrada na região costeira, a diversidade e a produtividade da Antártida são quase totalmente dependentes de recursos vindos do mar (Begon; Townsend; Harper, 2007).

2.4.8 Oceanos

Além de cobrirem a maior porção superficial da Terra, os oceanos recebem a maior parte da radiação solar que incide no planeta, a qual ou é refletida pela superfície da água, ou é absorvida pela água e pelas partículas em suspensão. A intensidade de radiação diminui de forma exponencial à medida que a profundidade aumenta e a atividade fotossintetizante fica restrita aos 100 primeiros metros de profundidade – conhecidos como *zona eufótica*, cuja profundidade diminui nas águas mais turvas.

No mar aberto, as algas unicelulares representam os principais organismos fotossintetizantes. Contudo, outras áreas dos oceanos recebem mais radiação solar e, mesmo assim, apresentam atividade biológica menor, porque a escassez de nutrientes limita a produtividade vegetal. As maiores produtividades são registradas nas regiões onde o suprimento de nutrientes é assegurado ou pelos rios e estuários que lixiviam os nutrientes do solo, ou pelas correntes mais profundas que trazem para a zona eufótica os nutrientes dissolvidos.

As regiões de ressurgência transformam áreas com pouca produtividade em áreas produtivas devido ao desenvolvimento de algas planctônicas, as quais são utilizadas como alimento pelos crustáceos e por outros animais herbívoros, que, por sua vez, servem de alimento para consumidores primários, como alguns peixes, os quais acabam por se tornar o alimento dos consumidores secundários, como outros peixes, aves marinhas e mamíferos marinhos. Como a disponibilidade de nutrientes é o principal fator regulador das comunidades oceânicas, quando ultrapassamos a barreira da zona eufótica, entramos numa região oceânica que, conforme aumenta a profundidade, torna-se mais escura, fria e sujeita a uma pressão maior.

Essa região abissal tem uma comunidade diversificada de organismos não encontrados em outros ambientes, como vermes, crustáceos, moluscos e peixes. Esses organismos obtêm seus nutrientes em animais mortos ou moribundos que vêm da zona eufótica. Alguns locais, chamados *fontes hidrotermais*, localizados a altas profundidades (de 2.000 a 4.000 m), são caracterizados pela alta temperatura (até 350 °C), pela alta concentração de sulfeto e por serem habitados por bactérias termófilas, poliquetas, caranguejos e moluscos de grande porte (Townsend; Begon; Harper, 2010).

2.4.9 Plataforma continental

A disponibilidade de nutrientes favorece a concentração da vida marinha próxima ao litoral, tornando a plataforma continental a área com maior variedade de vida no planeta. O fitoplâncton costeiro, que se desenvolve graças a essa disponibilidade, é explorado pelos organismos que constituem o zooplâncton. O estudo do zooplâncton costeiro revela que ele é composto por dois grupos de organismos: um grupo cujo ciclo de vida é completamente planctônico e cujos representantes são chamados de *holoplâncton*, e outro grupo de organismos como caranguejos, moluscos e peixes que apresentam uma fase larval planctônica e são chamados de *meroplâncton*. Como no oceano aberto e na água doce a maior parte do zooplâncton é composta por holoplâncton, podemos dizer que o meroplâncton enriquece o zooplâncton costeiro.

Os organismos que habitam o fundo são denominados *bentos*, divididos verticalmente em dois grupos de organismos bentônicos. O primeiro grupo é representado pela epifauna, composta por espécies que vivem livremente sobre o sedimento ou se prendem a ele de alguma forma. O segundo grupo é simbolizado pela infauna, formada por espécies que escavam o sedimento ou constroem tubos ou tocas. A maior parte da pesca comercial de peixes como anchova, arenque, bacalhau, cavala, linguado, sardinha, merluza, salmão e atum ocorre próximo a uma plataforma continental ou nela mesma, principalmente nas áreas de ressurgência de água fria.

Estimativas da Organização das Nações Unidas para a Alimentação e a Agricultura (FAO) indicam que três quartos da pesca oceânica no mundo ocorrem em condição de sobrepesca, ou seja, vão além da sua capacidade de sustentação. Atualmente, os principais peixes explorados comercialmente têm sido pescados com cerca de um quinto da metade do tamanho que tinham anteriormente. Essa situação deve-se ao fato de que os peixes que estão procriando são, geralmente, os de menor tamanho, que escaparam das redes dos pescadores, ou, ainda, que não atingiram a maturidade sexual para se reproduzirem.

Para habitar esse bioma, independentemente do tipo de organismo, é necessário se adaptar aos níveis de energia das ondas que quebram próximo à costa e às marés. Dessa forma, se um ambiente costeiro apresenta baixa energia com pouco fluxo de água, ele será colonizado por uma diversidade de espécies maior do que aquele com alta energia e muita ação das ondas (Odum; Barrett, 2007).

2.4.10 Regiões de ressurgência

O processo chamado *ressurgência* ocorre quando os ventos afastam as águas da superfície dos taludes costeiros escarpados e a água fria rica em nutrientes do fundo é trazida para cima. Com isso, são criados os ecossistemas com maior produtividade entre todos os marinhos, localizados principalmente na costa ocidental dos continentes e habitados por grandes populações de peixes e aves.

Essas grandes populações estão relacionadas à alta produtividade e à cadeia alimentar curta, dominada por algas diatomáceas e peixes clupeídeos. Nas regiões de ressurgência, alguns peixes e crustáceos carnívoros na região oceânica tornam-se herbívoros. A alta produtividade desse bioma é comprometida periodicamente pela mudança dos ventos, pelo desenvolvimento de condições anóxicas (falta de oxigênio) e pelo desenvolvimento de dinoflagelados causadores da maré vermelha (algas) (Odum, 1988).

2.4.11 Fontes hidrotermais

Para compreendermos este bioma, inicialmente precisamos lembrar que, segundo a teoria da deriva continental, as massas de terra única formadas por África e América do Sul e por Europa e América do Norte se separaram ao longo do tempo. Essa teoria também demonstra que as antigas linhas de contato entre os continentes estão separadas por vários quilômetros, constituindo as cordilheiras mesoceânicas. É justamente ao longo dessas cordilheiras que as placas tectônicas criam as fontes hidrotermais, as quais surgem pela formação de novas saídas, infiltrações e fontes de água quentes e sulfurosas.

Esse bioma abriga comunidades geotermicamente ativas e diferentes de qualquer outra comunidade descrita para os oceanos. A cadeia alimentar, nas adjacências das fontes hidrotermais, inicia-se com bactérias quimiossintetizantes que retiram a energia necessária para fixar carbono e produzir matéria orgânica da oxidação do sulfato de hidrogênio e de outros compostos químicos. Essas bactérias são consumidas por organismos que filtram as espumas de água quente ou por organismos que as retiram da estrutura das fontes. Ainda, tais bactérias podem estabelecer uma relação de mutualismo com alguns organismos, como moluscos e grandes vermes. Nessa cadeia alimentar, os peixes e os crustáceos representam os organismos carnívoros (Odum; Barrett, 2007).

2.4.12 Estuários

Esse tipo de bioma é encontrado na foz dos rios ou em baías costeiras, em que o fluxo de saída é contido de forma parcial por formações de terra ou por ilhas. Nos estuários, ocorre mistura entre a água salgada do mar e a água doce, que traz consigo os nutrientes originários dos rios. A rápida troca que ocorre entre as águas da superfície e o sedimento também contribui para a alta produtividade dos estuários.

As áreas de alagados de maré que margeiam os estuários apresentam alta produtividade relacionada à grande disponibilidade de nutrientes e à presença contínua de água. Os alagados de maré fornecem matéria orgânica adicional para os estuários, os quais acabam sustentando uma grande abundância de espécies de organismos marinhos e estuarinos (Ricklefs, 2003).

2.4.13 Manguezais

Os manguezais são ecótonos terra-mar tropicais e subtropicais. O mangue é uma região tolerante à água salgada do mar aberto e seu principal representante é a espécie de árvore *Rhizophora mangle*, ou *mangue-vermelho*. Uma faixa composta por uma sucessão de espécies normalmente forma uma região de transição entre o mar aberto e a zona de maré alta. As raízes aéreas das árvores dos mangues entram no fundo lodoso do mar, que não tem oxigênio, conduzindo e fornecendo esse gás para moluscos, cracas, ostras e outros organismos marinhos.

Em algumas regiões, como na América Central e no Sudoeste da Ásia, a biomassa de um manguezal pode ser igual à de uma floresta terrestre. Geralmente, nos trópicos, o manguezal substitui os pântanos salgados ou marismas e assume o papel de área de terra úmida entre as marés, servindo de área de criação (berçário) para várias espécies de peixes e camarões (Odum; Barrett, 2007).

2.4.14 Recifes de coral

Os recifes de coral estão amplamente distribuídos nas águas quentes, calmas e rasas do planeta. Esse bioma pode formar uma barreira ao longo dos continentes, como é o caso da Grande Barreira de Corais da Austrália, ou pode formar atóis e ilhas marginais, cordilheiras em forma de ferradura que surgem no alto de vulcões submarinos extintos. Sua comunidade é considerada uma das mais produtivas e diversificadas que existem.

Devido ao fluxo de água e ao mutualismo, esse bioma também pode se desenvolver em águas com poucos nutrientes. Por exemplo, o crescimento da alga zooxantela dentro de pólipos de animais permite que os corais sejam tratados como superorganismos planta-animal; a parte animal obtém alimento vegetal das algas existentes em seu interior e captura alimento animal (zooplâncton) por meio de seus tentáculos, à noite. Assim, o vegetal obtém proteção, nitrogênio e outros nutrientes da parte animal do coral.

Atualmente, esse bioma tem apresentado sinais de "estresse" em decorrência do aquecimento global e da poluição dos oceanos, o que pode ser verificado pelo branqueamento que ocorre quando a alga verde deixa o animal. Caso a relação mutualística não volte a se estabelecer, o coral acabará morrendo lentamente de fome. Alguns pesquisadores têm proposto a teoria de que a alga é liberada espontaneamente pelo coral, que, uma vez livre no mar, acaba colonizando um novo grupo que está melhor adaptado ao ambiente alterado. Dessa forma, o branqueamento causado pelo estresse pode ser visto como uma estratégia de sobrevivência dos corais (Odum; Barrett, 2007).

2.4.15 Lagos

Os lagos representam ecossistemas lênticos de águas doces e podem se formar em diferentes tipos de depressão. Sua origem está relacionada à glaciação recente, que deixou para trás bacias escavadas e blocos de gelo enterrados, os quais posteriormente derreteram. Certos lagos são formados em áreas geologicamente ativas, nas quais a movimentação de blocos da crosta terrestre, no sentido vertical, cria bacias em que se acumula água. Outros, por sua vez, podem ser formados em grandes dobras de rios, como o Amazonas, que são cortadas por desvios no canal principal.

Embora um lago possa ser considerado um bioma, ele apresenta diferentes regiões com características próprias. A região rasa em torno da margem onde existe vegetação enraizada é chamada de *zona litorânea*. A região aberta, na qual as algas unicelulares são os produtores primários, é conhecida como *zona limnética*. Já a região de águas profundas, habitada por organismos heterótrofos, é denominada *zona profunda*, ao passo que a região do fundo dominada por organismos bentônicos ou de fundo é chamada *zona bentônica*.

Um padrão de temperatura estratificado pode ser reconhecido nesse bioma – a região superior e quente é designada *epilímnio* e a região mais fria e profunda, *hipolímnio*. Por ser um ecossistema de água parada, os lagos têm sua produção primária vinculada à natureza química da bacia e à natureza das importações de correntes ou terras, que se comportam de maneira inversamente proporcional em relação à profundidade. Lagos rasos têm produtividade pesqueira maior do que lagos profundos, os quais podem apresentar mais peixes. De acordo com a quantidade de nutrientes disponíveis, os lagos podem ser classificados em *oligotróficos* – quando o nível de nutrientes é baixo – e *eutróficos* – quando o nível de nutrientes é alto (Ricklefs, 2003).

2.4.16 Rios

Os rios se caracterizam pelo contínuo movimento horizontal das correntes e pela forma de intercâmbio com a bacia hidrográfica. Nos rios de pequeno porte, nos quais a mata ciliar é bem estruturada, preservada e produz bom sombreamento, o intercâmbio com a bacia hidrográfica leva para o rio material alóctone, composto principalmente por matéria orgânica como restos de vegetação, folhas, frutos e insetos. Nos rios de grande porte, como o sombreamento da mata ciliar é menor e existe maior incidência de luz, a produção de matéria orgânica é autóctone, ou seja, originária do perifíton e das macrófitas aquáticas.

A fauna dos rios é dominada por peixes e invertebrados bentônicos. O controle da estrutura e o material do sedimento são realizados pelo movimento unidirecional das águas, e a fauna e a flora devem se adaptar a esse fluxo e à estrutura do sedimento. Assim como a velocidade da água no canal do rio na seção transversal, a fricção entre a corrente e o sedimento é muito variável. Salvo algumas exceções, nos rios de pequeno e grande porte, a velocidade da corrente na seção vertical é maior na superfície e menor no fundo.

As principais características físicas relacionadas à estrutura horizontal do sistema fluvial e ao volume de material particulado e dissolvido transportado são determinadas pela relação existente entre a velocidade da corrente, a profundidade do leito, a estrutura física e a distribuição de sedimento. O volume de água, em m³/s^{-1}, que passa em um determinado ponto do rio pode ser determinado por meio da equação: $Q = L \cdot P \cdot U$. Nela, **L** representa a largura do rio, **P** indica a profundidade e **U** significa a velocidade da corrente.

O fluxo da água pode ser de dois tipos: no primeiro, chamado *laminar*, camadas de água se deslocam paralelamente no eixo vertical, e no segundo, chamado *turbulento*, as camadas de água se misturam completamente.

O transporte e a carga de material transportado são afetados pelas seguintes características físicas: largura e profundidade do canal do rio; velocidade da corrente; rugosidade do sedimento; declividade e grau de sinuosidade do rio e de seus principais tributários. A interação do rio com sua bacia hidrográfica e a flutuação da hidrologia regional criam padrões de fluxo que mudam sazonalmente – ao longo de horas ou dias –, determinam as características espaciais/temporais dos rios e afetam a distribuição da fauna e da flora. O sedimento (orgânico ou inorgânico) transportado pelos rios se origina da erosão das margens e da bacia hidrográfica e é depositado, de acordo com o seu tamanho e densidade, principalmente nas regiões de várzea, em remansos e em áreas de pouca velocidade.

A velocidade da corrente e a morfologia do rio são os fatores que determinam a dimensão das partículas de sedimento. O transporte e a deposição delas são afetados pela precipitação atmosférica e a velocidade da corrente, ou seja, em períodos de seca, em que ocorre pouca precipitação, a velocidade da corrente é baixa; por sua vez, em períodos com precipitação elevada, a velocidade da corrente é alta. Contudo, não podemos esquecer que a atividade humana também pode afetar o transporte e a deposição dos sedimentos. Normalmente, o depósito de maior porte ocorre a montante. Já o depósito de menor porte ocorre a jusante, nas áreas com remansos, com corrente mais fraca ou com perfil sinuoso. Folhas e detritos de origem vegetal ou animal, que podem ser utilizados como alimento pelos organismos do rio, também são transportados; com isso, uma concentração mais alta de material orgânico fino e particulado e de matéria orgânica dissolvida é registrada a jusante.

A análise do perfil longitudinal dos rios demonstra que eles iniciam com uma declividade acentuada e ficam mais sinuosos a jusante. Dessa forma, a velocidade da corrente varia de acordo com o trecho do rio que está sendo estudado. As variações sazonais e diuturnas apresentadas pelos rios estão relacionadas aos ciclos climatológico e hidrológico, que, por sua vez, afetam os processos físicos, químicos e biológicos dos rios. As características do sedimento de fundo, a precipitação atmosférica, a geologia, a presença de barragens e de restos de vegetais, a geomorfologia da bacia hidrográfica e a declividade do rio afetam sua descarga. Esta ocorre mais rapidamente após períodos de alta precipitação atmosférica e eleva o transporte de materiais e organismos a jusante. O depósito desses materiais e organismos é feito nas regiões de várzea e com meandros.

A base da composição química da água e dos ciclos biogeoquímicos leva em conta as matérias orgânica e inorgânica que chegam aos rios originárias das bacias hidrográficas e da rede de drenagem. Os materiais encontrados são constituídos por matéria inorgânica em suspensão (alumínio, ferro, silício, cálcio, potássio, magnésio, sódio e fósforo), íons principais dissolvidos (Ca^{++}, Na^+, Mg^{++}, K^+, HCO_3^-, SO_4^{--}, Cl^-), nutrientes dissolvidos (nitrogênio, fósforo e silício), matéria orgânica dissolvida, matéria orgânica particulada, gases (N_2, CO_2 e O_2), metais traços particulados, metais traços dissolvidos e elementos originários da atividade humana (alumínio, mercúrio, chumbo, cádmio, zinco, cobalto, cobre e cromo). As cargas desses componentes orgânicos e inorgânicos podem ser estimadas por meio da combinação das suas descargas, em **metro por segundo** (m/s), com a concentração em **miligrama por litro** (mg/l) e expressa em **tonelada por metro** (t/m) **por ano** ou **quilograma por metro** (kg/m) **por dia**. A carga apresenta variação temporal e espacial e depende dos momentos de maior vazão devido às alterações sazonais do ciclo hidrológico.

As bacias hidrográficas, as descargas durante o ciclo hidrológico, a fixação de nitrogênio pelas plantas aquáticas, a erosão, a decomposição das plantas e a retenção pela camada de húmus no sedimento afetam e controlam as oscilações anuais dos componentes químicos. O fósforo, o nitrogênio e o silício se acumulam em certas áreas dos rios e podem ser liberados pelos processos biogeoquímicos e físicos. Já a quantidade de íons carbonados está vinculada à dureza ou à acidez da água dos rios. Dessa forma, a composição química dos rios define a composição de fauna e flora que ele apresenta.

Os fatores mais importantes que atuam sobre a biota dos rios são a velocidade da corrente e as forças físicas associadas a ela, o fluxo da água, o substrato, a temperatura da água e o oxigênio dissolvido. A temperatura da água dos rios varia diariamente ou sazonalmente de acordo com o clima, a altitude, a participação das águas subterrâneas e o tipo e a extensão da mata ciliar. Tal variação de temperatura atua sobre a biota dos rios determinando seus limites de distribuição geográfica, sua fisiologia, sua reprodução, sua sobrevivência e seu ciclo de vida. A concentração de oxigênio dissolvido nos rios atua sobre a distribuição, a sobrevivência e a fisiologia de sua biota. A diversidade e a biomassa da flora e da fauna dos rios são alteradas conforme a decomposição das plantas e a descarga de matéria orgânica. O tipo e a qualidade do substrato (areia, seixos, argila fina, pedras, rochas, substrato inorgânico, troncos e folhas) contribuem para a determinação da abundância e da diversidade da biota (Tundisi; Tundisi, 2008).

2.4.17 Áreas úmidas de água doce

Uma área úmida de água doce é representada por uma região que fica coberta de água durante certo período de tempo no ano, ao longo do qual o solo dessas áreas fica saturado de água. Além disso, esse solo pode conter 20% ou mais de carbono por peso (valor obtido pela mensuração da taxa de carbono do solo).

A produtividade e a composição de espécies nesse bioma são determinadas pelo hidroperíodo, ou seja, pela periodicidade das flutuações do nível de água. Podemos classificar as áreas úmidas de água doce de acordo com as interconexões delas com águas profundas ou com ecossistemas de terras altas, ou com ambos.

Nesse sentido, as planícies alagadas e os meandros associados a rios são classificados como *águas úmidas ripárias*. As áreas periodicamente inundadas por lagoas, lagos e canais de rios represados constituem os *brejos lacustres*. O brejo, o brejo de turfeira, o charco, o prado úmido e a lagoa temporária são áreas que representam o grupo do pântano palustre por ocorrerem em depressões conectadas indiretamente a lagos e rios ou, em alguns casos, por estarem em leitos de rios, lagoas ou bacias de lagos (Odum; Barrett, 2007).

Estudo de caso

Estudo da influência da fase lunar, da maré e do período do dia sobre a composição de peixes na zona de arrebentação da praia de Pontal do Sul, no Paraná

Com o objetivo de verificar a ação da fase lunar, da maré e do período do dia sobre a composição de peixes na zona de arrebentação da praia de Pontal do Sul, na cidade de Pontal do Paraná, no Estado do Paraná, foram coletadas, quinzenalmente, entre os anos de 1993 e 1994, amostras de peixes nos períodos correspondentes à maré baixa e à maré alta de lua cheia e lua nova, durante um período completo de 24 horas.

Além da captura dos exemplares de peixe, realizada com uma rede de arrasto de praia com malha de 1 mm, 18 m de comprimento e 2 m de altura, em cada momento amostral foram obtidas informações relativas à altura e ao período das ondas, à temperatura e à salinidade da água, pois, por se tratar de um ecossistema de água salgada, esses componentes abióticos podem interferir na composição da comunidade de peixes da amostra.

Enquanto a temperatura da água seguiu o padrão esperado para a região – menor no período de inverno e maior no período do verão –, a salinidade não demonstrou sazonalidade. Os maiores períodos de onda foram registrados durante o verão e o inverno, e os menores, durante a primavera. A altura das ondas, por sua vez, foi maior durante o inverno e a primavera e menor no verão e no outono.

A comunidade de peixes foi caracterizada pela alta diversidade, porém com o domínio numérico de seis espécies, responsáveis por 74,7% do total de peixes capturados.

Os resultados quantitativos indicaram maior concentração de peixes no período de maré baixa no início e no fim do dia. Oito das 17 espécies mais abundantes tiveram sua ocorrência possivelmente influenciada pela combinação dos três fatores: a fase lunar, a maré e o período do dia.

Fonte: Elaborado com base em Godefroid; Hofstaetter; Spach, 1998, tradução nossa.

Síntese

Neste capítulo, apresentamos a teoria geral dos sistemas, proposta por Ludwig von Bertalanffy, em um momento histórico no qual havia predomínio do mecanicismo nos estudos da biologia. Com base nisso, segundo a visão organizadora defendida por von Bertalanffy, o sistema, como um todo, deve ser priorizado.

Constatamos que, atualmente, os modelos de organização permitem que os sistemas naturais sejam representados em detalhes, tornando possível a realização de previsões sobre o comportamento deles diante de alguma perturbação.

Vimos também que os ecossistemas são compostos por componentes bióticos e abióticos e que a maior parte da energia recebida pela biosfera é originária do Sol, sendo regida pelas leis da termodinâmica. Por fim, observamos que as características estruturais e funcionais dos ecossistemas devem ser consideradas no momento da sua classificação.

Questões para revisão

1. Comente quais são os principais propósitos da teoria geral dos sistemas.

2. Explique por que a matéria, a energia e a estrutura são aspectos que devem ser abordados quando estudamos os sistemas.

3. Analise as alternativas a seguir e assinale aquela que representa apenas componentes bióticos de um ecossistema:
   a) Luz solar e organismo.
   b) Temperatura e população.
   c) Umidade e comunidade.
   d) Nutriente e organismo.
   e) População e comunidade.

4. Marque a alternativa que apresenta o que determina a complexidade e o tamanho de um sistema:
   a) O número de elementos que ele apresenta.
   b) A correlação existente entre os elementos que o compõem.
   c) A disposição dos componentes.
   d) O material que vai ser mobilizado por meio dele.
   e) As forças que permitem o seu funcionamento.

5. Marque a seguir a alternativa que representa um ecossistema marinho:
   a) Taiga.
   b) Manguezal.
   c) Rio.
   d) Tundra.
   e) Lago.

Questões para reflexão

1. Relacione a natureza cibernética do ecossistema com sua estabilidade.

2. De que forma podemos aplicar a modelagem no estudo dos ecossistemas?

Para saber mais

A obra a seguir é destinada aos leitores que desejam saber um pouco mais sobre a teoria geral dos sistemas e sobre o conceito de ecossistema:

ESTEVES-VASCONCELLOS, M. **A nova teoria geral dos sistemas**: dos sistemas autopoiéticos aos sistemas sociais. São Paulo: VortoBooks, 2013.

3

Evolução conceitual da ecologia de sistemas

Conteúdos do capítulo:

- Aspectos estruturais do ecossistema.
- Substâncias inorgânicas (particuladas e dissolvidas).
- Matéria orgânica (particulada e dissolvida).
- Clima.
- Componentes bióticos (produtores, consumidores, predadores, decompositores).
- Aspectos funcionais do ecossistema.
- Fluxo de energia e cadeias alimentares.
- Diversidade (temporal e espacial).
- Ciclos de nutrientes (carbono, nitrogênio, fósforo, enxofre).
- Controle (cibernética).
- Sucessão e evolução.

Após o estudo deste capítulo, você será capaz de:

1. compreender a estrutura e o funcionamento dos ecossistemas e como são estabelecidos o fluxo de energia e as cadeias alimentares;
2. identificar os componentes bióticos dos ecossistemas;
3. entender o papel da matéria orgânica, das substâncias inorgânicas e da diversidade na estrutura dos ecossistemas;
4. apontar os ciclos dos nutrientes e os fatores determinantes do clima no funcionamento dos ecossistemas;
5. relacionar o controle (cibernética) ao funcionamento dos ecossistemas;
6. mostrar como se processam a evolução e a sucessão dos ecossistemas.

Como vimos nos capítulos anteriores, o ecossistema representa o nível de hierarquia ecológico em que uma comunidade biótica interage com os componentes abióticos de uma região de maneira a propiciar um fluxo de energia e de material que gere estruturas biológicas bem definidas e estimule a ciclagem de materiais entre eles.

Por apresentar todos os componentes bióticos e abióticos necessários para a sobrevivência da vida, o ecossistema é a unidade básica da ecologia – a base sobre a qual se torna possível organizar sua teoria e sua prática. Mesmo sendo mais fácil definir um ecossistema do que uma comunidade, o estudo do primeiro é mais difícil e envolve aspectos estruturais e funcionais, os quais serão trabalhados ao longo deste capítulo.

Iniciaremos nossos estudos abordando os aspectos estruturais dos ecossistemas: as substâncias inorgânicas (particuladas e dissolvidas); a matéria orgânica (particulada e dissolvida); o clima; o substrato físico (sólido, líquido e gasoso); e os componentes bióticos (produtores, consumidores, predadores, desintegradores e regeneradores). Em seguida, passaremos aos seguintes aspectos funcionais dos ecossistemas: o fluxo de energia; as cadeias alimentares; a diversidade (temporal e espacial); os ciclos de nutrientes; o controle (cibernética); a sucessão e a evolução.

3.1 Aspectos estruturais do ecossistema

Os aspectos estruturais por meio dos quais podemos compreender e classificar os ecossistemas são representados por substâncias inorgânicas, matéria orgânica, clima, substrato físico e componentes bióticos. Passaremos agora a analisar cada um deles.

3.1.1 Substâncias inorgânicas (particuladas e dissolvidas)

As principais substâncias inorgânicas que devemos reconhecer nos ecossistemas são o carbono (C), o nitrogênio (N), o dióxido de carbono (CO_2) e a água (H_2O), as quais estão relacionadas com os ciclos de materiais. Como iremos trabalhar o ciclo dessas substâncias mais adiante, neste momento vamos apenas situar o leitor acerca de algumas informações importantes sobre elas.

O carbono existente na biosfera pode ser encontrado em vários reservatórios, e a maior parte dele é armazenada na forma de carbonatos dissolvidos na água dos mares profundos. Porém, o sedimento marinho também estoca uma grande quantidade de carbono que origina os combustíveis fósseis. Além disso, a água do mar também armazena uma boa quantidade de carbono orgânico dissolvido e particulado, o qual é reciclado pelo plâncton e pelo nécton (conjunto de organismos) marinho e devolvido ao ambiente inorgânico pela respiração. Outro local que armazena grandes quantidades de carbono são as rochas calcárias existentes na crosta terrestre, que o liberam por meio dos movimentos geológicos da Terra (Pinto-Coelho, 2007).

A distribuição da água na superfície do planeta ocorre de forma desigual. Os oceanos armazenam mais de 97% de toda a água do planeta. Dos 3% restantes, que representam a reserva de água doce, a maior parte é encontrada nas geleiras dos polos e também nas águas subterrâneas e superficiais (rios e lagos). Embora esteja relacionada à fotossíntese, a movimentação da água pelos ecossistemas ocorre, principalmente, por meio da evaporação, da transpiração e da precipitação atmosféricas, eventos que conectam à circulação da água as transformações de energia (Ricklefs, 2003).

O nitrogênio existente no planeta é encontrado sob a forma de gás N_2, normalmente incorporado pelas plantas sob a forma de nitrato ou de amônia. Ele também é um componente estrutural importante de quase todas as substâncias orgânicas, como as proteínas, os lipídeos e os ácidos nucleicos, entre outras. O retorno do nitrogênio ao ambiente inorgânico ocorre por meio da excreção ou da decomposição bacteriana e na decomposição por fungos dos cadáveres (Pinto-Coelho, 2007).

O dióxido de carbono (CO_2) absorvido pelas plantas durante a fotossíntese provém quase totalmente da atmosfera e sua concentração vem crescendo principalmente devido à queima de combustíveis fósseis. Nas comunidades terrestres, o dióxido de carbono é liberado com a decomposição da matéria orgânica existente no solo. Nessas comunidades, durante o período noturno, o fluxo de dióxido de carbono é orientado do solo em direção à atmosfera, ou seja, é ascendente; já durante o dia, acima do dossel fotossintetizante, essas comunidades apresentam um fluxo no sentido inverso, ou seja, descendente.

Durante o verão, quando as altas temperaturas favorecem a rápida decomposição dos organismos no solo, podem ser constatadas variações na concentração de dióxido de carbono abaixo do dossel superior, com altos valores próximos ao solo e à vegetação. O rápido declínio da concentração conforme a altitude aumenta deve-se principalmente à difusão. Contudo, o processo de fotossíntese também interfere na concentração de dióxido de carbono, pois, durante o dia, esse processo remove dióxido de carbono da atmosfera, tornando sua concentração menor do que à noite, quando não ocorre fotossíntese e a concentração de dióxido de carbono é maior. Em altitudes maiores, mas abaixo do dossel superior, a concentração de dióxido de carbono tende a ser a mesma da atmosfera. Essa variação na concentração de dióxido de carbono nos permite concluir que as plantas que habitam as áreas mais inferiores apresentam uma disponibilidade maior de dióxido de carbono do que as que vivem em áreas mais superiores.

Nos ambientes aquáticos, a concentração de dióxido de carbono pode ser relacionada à estratificação dos lagos, com as águas de maior temperatura e pobres em dióxido de carbono próximas à superfície, e as de menor temperatura, retidas mais ao fundo (Begon; Townsend; Harper, 2007).

3.1.2 Matéria orgânica (particulada e dissolvida)

As principais substâncias orgânicas que devemos reconhecer são as proteínas, os carboidratos, os lipídeos e as substâncias húmicas, as quais realizam a interação entre os componentes bióticos e abióticos dos ecossistemas. A disponibilidade dessas substâncias está relacionada à matéria orgânica envolvida na decomposição dos organismos, a qual, por sua vez, resulta na produção de matéria orgânica particulada e de matéria orgânica dissolvida.

Nos ecossistemas aquáticos, existe bastante material em suspensão e um resíduo resultante da sedimentação da água chamado *séston* – formado por uma parte viva, o plâncton, e uma parte desprovida de vida, o trípton. A parte orgânica é composta de restos de organismos e excretas, os quais se compactam e formam partículas de diferentes tamanhos, até formarem micelas e moléculas orgânicas em suspensão. A sedimentação de partículas muito finas e compactadas, como as observadas nas fezes moldadas, é mais rápida do que a do material original. A matéria orgânica pode ter origem autóctone ou alóctone: a primeira pode ser representada por restos de organismos do plâncton e mudas de crustáceos; já a segunda é proveniente de outras áreas, como as matas ciliares de um rio, sendo muito importante para ecossistemas de água doce.

A concentração de matéria orgânica dissolvida é duzentas vezes maior do que a de matéria orgânica particulada. As fontes de matéria orgânica dissolvida são a decomposição de material particulado, a decomposição de excretas solúveis e os organismos fotossintetizantes. Na composição dessa matéria, encontramos carboidratos e aminoácidos; contudo, sua maior parcela é representada pelas substâncias húmicas, que são grandes e resistentes às ações dos seres vivos (Margalef, 2005).

3.1.3 Clima

A temperatura e a umidade são os principais parâmetros climáticos. O clima pode ser dividido em continental, com picos extremos de temperatura e umidade, e em marítimo, que está menos sujeito aos extremos de temperatura. Algumas tendências podem ser observadas com relação à variação do clima na Terra, como as listadas abaixo:

» No Hemisfério Sul, as isotermas apresentam traçado quase paralelo ao Equador durante quase todo o ano, e, no Hemisfério Norte, as massas continentais modificam o traçado das isotermas.
» A África registra as maiores médias de temperatura do planeta, acima de 30 °C durante o ano.
» Maiores variações diárias da temperatura em relação às variações anuais são registradas nas regiões intertropicais, as quais geralmente registram menor pluviosidade.

» No Hemisfério Norte, as menores temperaturas são registradas no mês de janeiro, e as maiores, em julho.
» No Hemisfério Sul, o mês de janeiro é mais quente, e o mês de julho, mais frio.
» Áreas nas quais a pluviosidade é menor do que 250 mm são chamadas de *áridas* e ocorrem próximas ao centro de grandes massas continentais e de correntes marinhas frias.

A temperatura e a umidade podem ser utilizadas em alguns índices climáticos, como é o caso do índice de aridez, dado pela equação $i = P/(T + 10)$, em que **P** representa a pluviosidade média anual, e **T**, a temperatura média anual.

Registrado desde meados de 1586, o fenômeno *El Niño* pode ser considerado uma catástrofe climática natural. Caracteriza-se pelo aquecimento das águas superficiais da costa peruana, o que bloqueia a subida das águas do fundo do oceano; tal aquecimento, ao se associar à mudança sazonal da pressão atmosférica que ocorre no sudeste do Pacífico e no norte da Austrália, chamada *Southern Oscillation*, dá origem ao Enso (*El Niño e Southern Oscillation*). O *El Niño* resulta da diminuição dos ventos alísios que acumulam água quente no oeste do Oceano Pacífico. Com isso, ocorre o aumento de alguns centímetros no nível do mar, fato que provoca o escoamento da água para o leste quando os ventos alísios ficam mais fracos. Assim, a água se concentra próximo à costa da América do Sul e dificulta a subida da água fria.

Algumas consequências do *El Niño* são: diminuição da produtividade marinha; diminuição da atividade pesqueira; aumento da mortalidade dos organismos que não conseguem migrar; e formação da maré vermelha (causada pelo excesso de algas). O Enso, por sua vez, está associado à ocorrência de inundações, tornados e tempestades, como os que ocorreram na América do

Sul e na América do Norte, em 1982 e 1983, bem como a eventos de seca, como os registrados nesse mesmo período em países como Austrália e Índia e no continente africano. O Enso também é responsável pela alternância de períodos de chuva e seca nas Ilhas Galápagos, pela mudança de comportamento de alguns animais e por danos a recifes de coral devido ao aumento da temperatura da água.

A atmosfera da Terra mantém em equilíbrio a radiação solar que incide no planeta e a radiação que é perdida para o espaço. Com isso, a atmosfera controla a temperatura da superfície da Terra – evento ao qual chamamos *efeito estufa*. Contudo, nos últimos duzentos anos, vem sendo registrado um aumento da temperatura ao redor do planeta, principalmente em decorrência da emissão de gás carbônico (CO_2), de metano (CH_4) e de clorofluorcarbonetos (CFC).

A liberação de gás carbônico está principalmente relacionada à utilização de combustíveis fósseis. O metano, por sua vez, é produzido durante o processo de digestão de ruminantes e térmites e por meio das reações de fermentação anaeróbia que ocorrem em solos inundados e anóxicos das áreas úmidas e dos arrozais. Já os clorofluorcarbonetos são liberados na produção e na utilização de aerossóis, refrigeradores e material plástico. Outros gases relacionados ao efeito estufa são o óxido de nitrogênio (NO_x), liberado na queima de combustíveis fósseis, e o ozônio (O_3), gás mais concentrado na estratosfera e que absorve aproximadamente 99% da radiação ultravioleta solar, a qual acaba sendo utilizada na transformação do gás oxigênio em ozônio.

Graças às condições climáticas do inverno da Antártida, existe, durante a primavera, uma concentração mínima de ozônio sobre essa região. Contudo, essa concentração vem diminuindo devido à utilização de clorofluorcarbonetos e de brometo de metila liberado no momento da queima de biomassa vegetal. Tal redução provoca o aumento da incidência de radiação ultravioleta, o que, por sua vez, pode afetar a atividade fotossintética dos organismos, aumentar os casos de câncer de pele, catarata e câncer ocular no gado, além de diminuir a defesa imunológica dos seres humanos, aumentar a formação de *smog* fotoquímico, diminuir a produtividade agrícola, danificar as algas marinhas e alterar a cadeia trófica dos oceanos.

O dióxido de enxofre (SO_2) na atmosfera é oxidado e se transforma em ácido sulfúrico (H_2SO_4), fenômeno que gera a chuva ácida, a qual apresenta os seguintes componentes: ácido nítrico, ácido clorídrico, ozônio, mercúrio, cádmio e outros metais pesados. A chuva ácida é caracterizada por apresentar um pH inferior a 5,6 e afeta principalmente as águas doces de superfície, a vegetação e o solo. Pode ser decorrente tanto de eventos naturais (erupção de vulcões, queimada de florestas e formação de aerossóis na superfície dos oceanos, solos e vegetação) como da emissão de dióxido de enxofre na queima de combustíveis fósseis pela indústrias e pelos veículos (Dajoz, 2008).

3.1.4 Componentes bióticos (produtores, consumidores, predadores, decompositores)

Os organismos produtores ou *autotróficos* utilizam a radiação solar fotossinteticamente ativa para reduzir o carbono inorgânico. Nesse grupo de organismos, podemos incluir as plantas vasculares superiores, as briófitas (musgos), as pteridófitas (samambaias), as macroalgas, as microalgas e as bactérias fotossintetizantes. As bactérias quimiossintetizantes, que fixam o gás carbônico por meio da oxidação da amônia, do metano e do gás sulfídrico, também pertencem ao grupo dos organismos produtores (Pinto-Coelho, 2007). Nos ambientes aquáticos, os produtores são representados pelas macrófitas e pelo fitoplâncton. As macrófitas vegetais, visíveis a olho nu, habitam desde os ambientes brejosos até os verdadeiramente aquáticos. O fitoplâncton, composto por algas, bactérias fotossintetizantes e protozoários, ocorre até a profundidade em que a luz consegue penetrar na água. Nos ambientes mais fundos, como os oceanos e lagos profundos, o fitoplâncton é o principal responsável pela produtividade. Nos ambientes terrestres, ocorre predomínio de plantas grandes e enraizadas e pouca ocorrência de algas, musgos e líquens, os quais se concentram nas áreas úmidas e iluminadas do solo, bem como em rochas e caules (Odum; Barrett, 2007).

Os organismos consumidores ou *heterotróficos* ingerem substâncias orgânicas para obter a energia utilizada no seu metabolismo. De forma geral, os consumidores podem ser agrupados em herbívoros, pastejadores, predadores, parasitas e decompositores.

Os herbívoros, ou *consumidores primários* (ou *consumidores de primeira ordem*), utilizam matéria vegetal viva (organismos autotróficos ou produtores) ou parte dela na sua alimentação. Pastejadores são os organismos que comem partes de várias presas, mas normalmente não as matam. Os predadores, por sua vez, diferem dos pastejadores por normalmente matarem suas várias presas e se alimentarem delas. Os parasitas são consumidores que utilizam como alimento um ou poucos hospedeiros vegetais e animais vivos que, normalmente, não são mortos (pelo menos, não imediatamente). Já os decompositores são organismos que utilizam os animais e vegetais mortos na alimentação.

Os consumidores podem ter hábito generalista ou especialista. Os generalistas consomem várias presas, mesmo tendo uma hierarquia de preferência quando todos os recursos alimentares estão disponíveis. Os especialistas consomem apenas uma espécie, várias espécies relacionadas ou partes específicas das presas (Odum, 1988; Townsend; Begon; Harper, 2010).

3.2 Aspectos funcionais do ecossistema

O conhecimento dos aspectos funcionais é imprescindível para a classificação de um ecossistema. Neste momento, abordaremos os seguintes aspectos funcionais: fluxo de energia; cadeias alimentares; diversidade (temporal e espacial); ciclos de nutrientes; controle (cibernética); sucessão e evolução.

3.2.1 Fluxo de energia e cadeias alimentares

O fluxo de energia de um ecossistema é representado pela transferência de energia ao longo da sua cadeia alimentar. Uma porção significativa de energia potencial (80 ou 90%) é perdida sob a forma de calor no momento em que ocorre cada transferência, o que faz a energia disponível ser maior nos ecossistemas com cadeias alimentares mais curtas ou quanto mais próximo dos produtores estiver o consumidor. Uma consequência dessa situação é o fato de que a quantidade de consumidores, sustentada por uma determinada produção primária, depende do comprimento da cadeia alimentar. No entanto, à medida que a quantidade de energia diminui ao longo das transferências, a qualidade ou a concentração de energia transferida aumenta.

Podemos identificar duas cadeias alimentares: a de pastejo e a de detritos. Na **cadeia alimentar de pastejo**, a transferência de energia inicia com os produtores fotossintetizantes, os quais são predados pelos herbívoros pastejadores, que, por sua vez, são predados pelos carnívoros. Já a **cadeia alimentar de detritos** apresenta um fluxo de energia que segue da matéria orgânica em decomposição para os microrganismos decompositores. Estes transferem a energia para os organismos detritívoros e, em seguida, ela é transferida para os predadores. A cadeia alimentar de detritos apresenta um fluxo dominante, cujo início se dá com a matéria orgânica particulada, e outros dois fluxos, que começam com a matéria orgânica dissolvida. A quantidade de energia transferida pela cadeia alimentar varia de acordo com o ecossistema ou pode variar sazonalmente e até anualmente dentro do mesmo ecossistema.

A interconexão existente nas cadeias alimentares é chamada de *teia alimentar*. Em resposta a entradas de funções forçadas de fora do sistema, podem ocorrer alterações rápidas no fluxo alimentar. Os níveis tróficos de cadeias alimentares em ecossistemas naturais complexos são ocupados pelos organismos que obtêm sua nutrição do Sol, e as cadeias apresentam o mesmo número de níveis. Assim, o nível trófico produtor é ocupado pelas plantas verdes; o nível dos consumidores primários, pelos organismos que se alimentam dos produtores; os carnívoros primários ocupam o nível dos consumidores secundários; e, por fim, o nível dos consumidores terciários é ocupado pelos carnívoros secundários. De acordo com a fonte de energia assimilada, uma espécie pode ocupar mais de um nível trófico. Se utilizarmos o ser humano como exemplo, ele pode ser o consumidor primário quando consumir um alimento de origem vegetal, ou secundário, quando se alimentar da carne de gado.

Por consumirem alimentos de origem vegetal e animal, os seres humanos e outros consumidores que têm esse mesmo hábito alimentar são chamados de *omnívoros*.

A cadeia alimentar de granívoros e a cadeia alimentar de néctar estão restritas, principalmente, aos ecossistemas terrestres ou aos ecossistemas de águas rasas. A primeira tem nas sementes sua principal fonte de energia e recurso alimentar; a segunda tem no néctar das flores a principal fonte de energia e depende dos insetos para que ocorra a polinização (Odum; Barrett, 2007).

3.2.2 Diversidade (temporal e espacial)

O número de espécies em um ecossistema tende a aumentar conforme a área que este ocupa também aumenta, bem como de acordo com o tempo de colonização, de especialização e de especiação. As comunidades das latitudes setentrionais e tropicais com estações definidas (secas e úmidas) são compostas por poucas espécies dominantes, ou seja, apresentam um grande número de indivíduos, mas muitas espécies raras, com poucos indivíduos.

Nas latitudes tropicais sem estações definidas, a tendência normal é de que as comunidades apresentem populações com muitas espécies pouco abundantes. Os índices de diversidade e as curvas de abundância relativa do componente *dominância da diversidade* são muito empregados na análise da diversidade de espécies, composta pela riqueza de espécies e pela uniformidade ou *equitabilidade* (Odum, 1988).

O componente **riqueza de espécies** permite que uma comunidade seja descrita e diferenciada conforme o número de espécies que ela apresenta, e normalmente compara a razão espécies/área ou espécies/número de indivíduos. A diversidade de hábitats e a área estão relacionadas à tendência de ocorrerem mais espécies conforme a área aumenta.

Já o componente uniformidade ou equitabilidade reflete a existência ou não de homogeneidade na abundância relativa das espécies (Pinto-Coelho, 2007). Uma uniformidade perfeita e nenhuma dominância, por exemplo, podem ser vistas em um sistema no qual existam cinco espécies e 50 indivíduos (dez indivíduos de cada espécie). Já uma uniformidade pequena e uma dominância máxima ocorrerão, por exemplo, se uma dessas cinco espécies tiver 46 indivíduos e as outras quatro espécies, apenas um indivíduo cada.

Uma curva de abundância relativa do componente *dominância da diversidade* é obtida quando se plota, em um gráfico, o número de indivíduos da comunidade no eixo das ordenadas (eixo X - horizontal), as espécies em ordem decrescente de abundância no eixo das abscissas (eixo Y - vertical) e se traça uma linha de tendência unindo os pontos. Se, no gráfico, a primeira espécie tiver o dobro da abundância da segunda, que tem o dobro da abundância da terceira e assim sucessivamente, a linha traçada será uma reta - o que é esperado em comunidades vegetais e ambientes extremos. Dessa forma, podemos supor que 50% da área é ocupada pela primeira espécie, 25% pela segunda espécie, 12,5%, pela terceira espécie e assim sucessivamente. Em outras palavras, cada espécie ocupa uma área sem se sobrepor a outra espécie.

Contudo, se as áreas forem ocupadas de maneira aleatória e sem sobreposição dos segmentos vizinhos, a linha traçada resultará em uma curva - o que é esperado em comunidades de aves florestais. Em comunidades pouco perturbadas, a linha traçada forma uma curva sigmoidal (em forma de "s") intermediária e representa um padrão complexo de distribuição e superposição de nicho. Esse tipo de representação destaca precisamente a riqueza e a abundância da diversidade de espécies e explica a ocupação do nicho. Assim, a diversidade será maior, para um certo número de espécies, se a curva for mais alta e achatada; e quanto mais inclinada for a curva, menor será a diversidade e maior será a dominância por uma ou poucas espécies. As perturbações ambientais, naturais ou não, tornam a curva mais inclinada. Com isso, a curva da dominância pode ser empregada para a avaliação do grau de estresse sobre as espécies (Odum, 1988).

Os principais índices de diversidade utilizados são o índice de riqueza de espécies (índice de Margalef), o índice de Simpson e o índice de Shannon-Weaver. O primeiro é expresso pela fórmula $d = (S - 1)/\ln N$, em que **S** é o número de espécies, e **N**, o de indivíduos (Odum, 1988).

O índice de Simpson dá mais valor às espécies comuns e é expresso pelas fórmula $c = \Sigma (ni/N)^2$, em que **ni** é o valor de importância de cada espécie, e **N**, o total dos valores de importância (Odum, 1988).

O índice de Shannon-Weaver dá mais valor às espécies raras, independe um pouco do tamanho da amostra e apresenta distribuição normal se **N** for um número inteiro e pode ser expresso pela fórmula $H' = -\Sigma (Pi \cdot \ln Pi)$, na qual **ni** é o valor de importância de cada espécie, **N**, o total dos valores de importância, e **Pi**, a probabilidade de importância de cada espécie – ou seja, $Pi = ni/N$ (Odum; Barret, 2007).

O índice de uniformidade de Pielou é representado pela fórmula $e = H'/\ln S$, em que **H'** é o índice de Shannon, e **S**, o número de espécies (Odum; Barrett, 2007).

Como os ecossistemas estáveis promovem uma alta diversidade (mas o oposto não é verdadeiro), a relação entre a estabilidade e a diversidade é complexa, e uma relação positiva pode ser secundária e não casual. Os ecossistemas perturbados periodicamente têm a tendência de apresentar maior diversidade do que os ecossistemas equilibrados, nos quais se observa uma dominância e uma exclusão competitiva mais intensa. Na natureza, algumas espécies são mais raras do que outras e, com isso, não se observa a diversidade máxima, ou seja, há muitas espécies e todas têm a mesma importância.

Em uma sucessão ecológica, a diversidade tende a aumentar; contudo, ela pode não continuar nos estágios mais velhos. Normalmente, a diversidade é estimada para um grupo de indivíduos – por exemplo, peixes ou aves – ou para um nível trófico. Se, por exemplo, um ecologista pretende estimar a diversidade da comunidade como um todo, ele precisará, por meio da utilização de um denominador comum (como a energia), atribuir um "peso" para todos os tamanhos e todas funções dos organismos.

Para evitar que seja feita confusão entre a diversidade de um hábitat (ou comunidade), a diversidade entre hábitats e a diversidade de uma área extensa (um bioma, um continente, uma ilha etc.), foram propostos os seguintes termos:

» **diversidade alfa**: representa a diversidade dentro de um hábitat ou comunidade;
» **diversidade beta**: indica a diversidade entre hábitats;
» **diversidade gama**: refere-se à diversidade de uma grande área extensa.

Em áreas bem conhecidas, como as regiões aquáticas bentônicas, as relações funcionais entre os níveis tróficos afetam a diversidade de espécies. A intensidade de predação ou de pastagem altera as populações que são predadas ou servem de pasto. Assim, a predação moderada, na maioria das vezes, diminui a densidade de espécies dominantes, contribuindo, dessa forma, para que as espécies menos competitivas tenham melhor condição de explorar a área e os recursos disponíveis. Alguns estágios de desenvolvimento das espécies, como larvas de insetos e girinos de anfíbios, por ocuparem nichos e hábitats diferentes da forma adulta e contribuírem para a variedade do ambiente, devem ser utilizados como unidade para as medidas de diversidade. Assim, o valor de importância de cada espécie (**ni**) das fórmulas de diversidade pode representar diferentes tipos morfológicos e, por consequência, ecológicos.

Outra diversidade difícil de ser observada na descrição de uma comunidade é a genética, a qual parte de uma das seguintes hipóteses: 1) os membros de uma população devem ter homozigose para o alelo mais apto; 2) a maioria dos *locus* deve ser heterozigótica, com muito polimorfismo sendo mantido pelas formas de seleção equilibradora.

A segunda hipótese parece ser a adequada porque a metodologia bioquímica permitiu que a variabilidade genética fosse reconhecida e o polimorfismo parece ser mantido pela seleção natural. Outros arranjos da biomassa que contribuem para a diversidade de padrão são: padrões de estratificação (camadas verticais do perfil de solo e vegetação); padrões de zonação (segregação horizontal de montanhas e zona intertidal); padrões de atividade (periodicidade); padrões de redes alimentares (organização de redes em cadeias alimentares); padrões reprodutivos (associação entre pais e filhotes); padrões sociais (cardumes e rebanhos); padrões coativos (em consequência da competição, do mutualismo etc.).

Outro fator que aumenta a diversidade é o efeito de borda, que ocorre em locais onde aparecem manchas com vegetação ou hábitat físico contrastante (Odum, 1988).

3.2.3 Ciclos de nutrientes

As comunidades ganham e perdem nutrientes de diferentes maneiras: eles são movidos por grandes distâncias pela ação dos ventos dos cursos de água e das correntes oceânicas. O cálcio, o ferro, o magnésio, o fósforo e o potássio têm sua fonte no intemperismo da rocha matriz e do solo. A atmosfera é a principal fonte de dióxido de carbono e de nitrogênio para as comunidades terrestres;

outros nutrientes vindos da atmosfera são disponibilizados pela precipitação seca, pela chuva, pela neve e pela neblina (Townsend; Begon; Harper, 2010).

3.2.3.1 Ciclo do carbono

Os carbonatos dissolvidos na água de mares profundos representam a maioria do carbono encontrado na natureza, podendo também ser encontrados nos sedimentos marinhos formadores dos precursores do petróleo (querogênio), bem como na água do mar sob a forma de carbono orgânico dissolvido e particulado. A reciclagem desse carbono é feita de forma contínua pela cadeia planctônica (fitoplâncton e zooplâncton) e pelo nécton (conjunto de organismos), que, por meio da respiração, devolve o carbono para o ambiente inorgânico. Esse ciclo é afetado pela queima de combustíveis fósseis e de florestas, o que libera altas concentrações de dióxido de carbono na atmosfera. Uma grande quantidade de carbono imobilizado é encontrada na forma de rocha calcária, o qual, por meio dos movimentos geológicos da Terra, é remobilizado (Pinto-Coelho, 2007).

O dióxido de carbono representa, aproximadamente, 0,033% da composição de gases da atmosfera, porém, desde a metade do século XIX, tem sido registrado um aumento na sua concentração. Segundo a Patrício (2015), a concentração desse gás durante a primavera de 2014 no Hemisfério Norte ultrapassou o índice de 400 ppm. O depósito atmosférico de dióxido de carbono está relacionado à manutenção do clima da Terra, porque seu aumento parece ter relação com o incremento da temperatura do planeta, uma vez que sua molécula absorve mais radiação infravermelha do Sol do que o nitrogênio e o oxigênio. Esse evento – o efeito estufa – também é afetado pela concentração de outros gases, como o metano, que tem sua fonte nas regiões da biosfera, com alto metabolismo anaeróbio devido à presença de bactérias anaeróbias, e em áreas úmidas e alagadas, com alto teor de matéria orgânica (Pinto-Coelho, 2007).

3.2.3.2 Ciclo do nitrogênio

Podemos considerar a fase atmosférica como a predominante nesse ciclo, no qual a fixação e a desnitrificação do nitrogênio por microrganismos é de fundamental importância. Porém, o nitrogênio existente em fontes geológicas também pode ser importante para a produtividade de combustíveis nas comunidades terrestres e de água doce. Embora a dimensão do fluxo no escoamento de comunidades terrestres para aquáticas seja pequena, ela é importante para os ecossistemas aquáticos envolvidos, porque, junto com o fósforo, o nitrogênio é um fator limitante do crescimento dos vegetais. Anualmente, ocorre, em pequena escala, certa perda de nitrogênio para os sedimentos oceânicos (Townsend; Begon; Harper, 2010).

3.2.3.3 Ciclo do fósforo

O fósforo é importante por entrar na composição do ácido desoxirribonucleico (DNA), do ácido ribonucleico (RNA) e do trifosfato de adenosina (ATP), apesar de ser muito raro na biosfera – sua principal reserva está nas rochas, que, aos poucos, cedem seus fosfatos aos ecossistemas. Nos ecossistemas terrestres, a concentração de fósforo assimilável é baixa e avaliada como um fator limitante da produção biológica. Uma considerável parcela de fosfato entra no mar e é imobilizada nos sedimentos profundos; a falta de fósforo se torna limitante quando não ocorrem correntes ascendentes que permitam a subida da água para a superfície.

Algumas bactérias e fungos são responsáveis pela passagem do fósforo do estado orgânico para o inorgânico. A entrada desse elemento químico na cadeia alimentar marinha é feita pelos peixes e pelo plâncton. As aves marinhas, por meio do seu guano, promovem, ao menos parcialmente, o retorno do fósforo ao meio terrestre. A eutrofização de corpos de água é estimulada pela lixiviação, o que faz adubos fosfatados e nitratos chegarem até a água superficial e subterrânea (Dajoz, 2008).

3.2.3.4 Ciclo do enxofre

O enxofre é importante para as plantas e os animais porque entra na composição dos aminoácidos cisteína e metionina. Nos ecossistemas, ele é encontrado nas formas reduzidas e oxidadas, seguindo complexas vias químicas e afetando o ciclo de outros elementos.

Em ambientes aeróbicos, onde há oxidação, o enxofre se apresenta na forma de sulfato (SO_4); nas condições de redução, ele ocorre na forma de sulfeto (S_2); e a sua forma orgânica, presente nos seres vivos, pode acontecer de diferentes formas, como na formação do aminoácido metionina. Em condições aeróbias, quando os organismos excretam enxofre em excesso e microrganismos decompositores atuam sobre detritos vegetais e animais, ocorre a oxidação de enxofre orgânico, que retorna ao seu estado de sulfato diretamente ou com a formação intermediária de sulfeto.

Sulfatos e nitratos podem agir como oxidantes quando o ambiente apresentar condições anaeróbias, como as observadas em sedimentos alagados. Nesses ambientes, as bactérias das espécies *Desulfovibrio* e *Desulfomonas* reduzem o sulfato energeticamente favorável na oxidação do carbono orgânico. A união dessas reações fornece energia para os organismos. Assim, bactérias fotossintetizantes podem usar o enxofre na assimilação do carbono pelas vias análogas à fotossíntese das plantas. Nessas reações, o enxofre é usado no lugar do átomo de oxigênio da água, atuando como doador de elétrons e sendo acumulado. Contudo, isso não poderá ser observado se o sedimento for exposto à aeração ou à água oxigenada, pois o enxofre pode ser oxidado por bactérias quimioautotróficas para sulfeto e sulfato.

A disponibilidade de íons positivos afeta o destino do enxofre reduzido produzido em condições anaeróbias, sendo comum a produção de sulfeto de hidrogênio, que escapa na forma gasosa dos sedimentos rasos e dos solos lodosos. A redução de íon férrico em íon ferroso – que, ao se combinar com sulfeto forma o sulfeto de ferro – é favorecida por condições anaeróbias e, por isso, podemos associar os sulfetos ao carvão e aos depósitos de óleos. A exposição desses elementos à atmosfera de rejeitos de minas ou a queimadas para energia reduz o enxofre que se oxida em sulfato, o qual, ao se combinar com a água, forma o ácido sulfúrico, responsável pela chuva ácida e pela drenagem ácida das minas (Ricklefs, 2003).

3.2.4 Controle (cibernética)

Conforme já trabalhado no Capítulo 2, a natureza cibernética dos ecossistemas decorre do fato de eles apresentarem fluxos de energia, de matéria, de comunicação física e de comunicação química, os quais unem as partes de que são formados e permitem que todas elas sejam reguladas e dirigidas. O estado pulsante e não estável observado nos ambientes naturais provém das funções de controle internas, difusas e sem pontos de ajuste. A rigorosidade do ambiente externo e a eficiência dos mecanismos de controle interno não permitem que sejam observadas mudanças no grau em que a estabilidade é alcançada. Podem ser reconhecidos dois tipos de estabilidade: a de resistência e a de resiliência.

3.2.5 Sucessão e evolução

Muitas vezes, a similaridade existente entre a forma e o comportamento dos organismos que habitam ambientes semelhantes, mas descendem de linhas filéticas diferentes, pode demonstrar o ajuste da natureza dos organismos ao seu ambiente. Essas similaridades atenuam a ideia de que apenas um organismo está perfeitamente adaptado para habitar um ambiente. Isso é particularmente evidente quando as linhas filéticas estão distantes umas das outras e quando o papel desempenhado por estruturas com origens diferentes é semelhante, ou seja, quando as estruturas são análogas por apresentarem uma semelhança superficial na forma ou na função, mas não são homólogas (derivadas de uma estrutura existente em um ancestral comum). Quando esse tipo de situação ocorre, dizemos que ocorreu *evolução convergente*.

Um caso de evolução paralela de grupos separados que se irradiaram depois de isolados é a radiação dos mamíferos placentários e marsupiais. O continente australiano passou a ser colonizado pelos marsupiais no Período Cretáceo, quando só existiam mamíferos monotremados ovíparos na Oceania. Iniciou-se, então, um processo evolutivo de radiação semelhante ao visto nos mamíferos placentários de outros continentes. A percepção dos paralelismos, tanto na forma dos organismos quanto no seu estilo de vida, é evidente e torna difícil evitar a interpretação de que os ambientes de placentários e marsupiais forneceram oportunidades semelhantes às quais os processos evolutivos dos dois grupos responderam de modos parecidos (Townsend; Begon; Harper, 2010).

A **sucessão primária** ocorre quando a área exposta não foi previamente influenciada por alguma comunidade. Esse tipo de sucessão é visto em planícies de pedra-pomes formadas pela erupção de vulcões, no escorrimento da lava, nas crateras decorrentes do impacto de meteoros, nos substratos expostos pela retração de geleiras e nas dunas formadas recentemente. A sequência de espécies que se sucede quando há remoção completa ou não da vegetação de uma região, permanecendo o solo bem desenvolvido com sementes e esporos, é chamada de **sucessão secundária**, a qual pode ser estimulada pela perda localizada de árvores em decorrência de doenças, ventos fortes, fogo ou queda, bem como pelo abandono de campos de cultivo. Nas áreas que recentemente se tornaram expostas, as sucessões podem durar centenas de anos para serem finalizadas. Contudo, sobre as paredes rochosas recém-desnudadas na zona marinha do infralitoral, é possível observar um processo análogo entre os animais e as algas, porém essa sucessão dura aproximadamente uma década.

Os estágios sucessionais através do tempo podem ficar registrados por meio de gradientes de comunidades no espaço. O tempo decorrido desde a exposição da área pode ser estimado, por exemplo, por datação com carbono ou por meio da utilização de mapas históricos. O processo de sucessão pode ser inferido com base no emprego de comunidades existentes atualmente, mas que representam períodos de tempo distintos desde o início da sucessão. Entretanto, é preciso ter certeza de que tais comunidades realmente representam os diferentes estágios de sucessão. Nas lavas vulcânicas, as espécies que iniciam o processo de sucessão preparam o terreno para as demais espécies. Nas dunas costeiras, embora as espécies que iniciam o processo de sucessão preparem o terreno e facilitem a colonização pelas espécies tardias, a disponibilidade de sementes é de fundamental importância. O estudo da sucessão em campos abandonados demonstra que, na América do Norte, o processo de sucessão de campos abandonados antigos leva à formação de uma floresta, mas, na China, tal processo origina a formação de campos (Begon; Townsend; Harper, 2007).

Estudo de caso

Estudo da interação entre microrganismos, solo e flora

Neste estudo, foi analisada a interação entre microrganismos, flora e solo, comparando-se áreas com diferentes graus de ação antrópica. Para tal, escolhemos como área de estudo o Parque Estadual de Vila Velha, no Paraná.

No local de estudo, foram selecionadas duas áreas sob ação de diferentes impactos antrópicos. Em seguida, para realizar a avalição da fertilidade dos solos e dos microrganismos, foi realizado um levantamento florístico e foram obtidas amostras da terra e da serapilheira do local.

A análise do levantamento florístico permitiu determinar o número total de 44 espécies de árvores, arbustos, ervas e plantas trepadeiras. Além disso, esses dados permitiram determinar a quantidade de gêneros (28) e de famílias (16). Como analisamos ambientes sob diferentes ações antrópicas, ao realizarmos a análise das informações referentes à fertilidade dos solos, percebemos uma maior eutrofia na área com maior impacto antropogênico, pois os valores do potencial hidrogeniônico (pH), cálcio (Ca) e potássio (K) foram mais elevados do que os da área menos antrópica, a qual, por sua vez, apresentou valores mais altos de hidrogênio (H) e alumínio (Al). Já a análise dos microrganismos existentes na serapilheira e no solo foram diferentes em decorrência da variação da umidade relativa e da temperatura de cada um.

Síntese

Neste capítulo, apontamos que as principais substâncias inorgânicas que devem ser reconhecidas nos ecossistemas são o carbono (C), o nitrogênio (N), o dióxido de carbono (CO_2) e a água (H_2O), observando a relação dessas substâncias com os ciclos de materiais. Além disso, mostramos que, por realizarem a interação entre os componentes bióticos e abióticos dos ecossistemas, as principais substâncias orgânicas que devem ser reconhecidas são as proteínas, os carboidratos, os lipídeos e as substâncias húmicas.

Também analisamos os eventos que levam à ocorrência dos fenômenos *El Niño* e Enso (*El Niño* e *Southern Oscillation*), efeito estufa e chuva ácida, bem como identificamos seus efeitos sobre os ecossistemas. Apresentamos os organismos produtores, ou autotróficos, e os organismos consumidores, ou heterotróficos, mostrando como o fluxo de energia flui pelas cadeias alimentares.

Verificamos que os índices de diversidade e as curvas de abundância relativa do componente chamado *dominância da diversidade* são utilizados na análise da diversidade de espécies e discutimos a riqueza de espécies, descrita e diferenciada conforme a quantidade de espécies que o ecossistema apresenta, comparando a razão entre ela e a área do ecossistema e entre ela e o número de indivíduos. Observamos, também, que as comunidades ganham e perdem nutrientes de diferentes maneiras, e que tais nutrientes se locomovem pela ação dos ventos, dos cursos de água e das correntes oceânicas.

Também, mostramos que a rigorosidade do ambiente externo e a eficiência dos controles internos determinam o nível em que a estabilidade do ecossistema será alcançada, verificando que tal estabilidade pode ser de resistência ou de resiliência. Por fim, evidenciamos as características e os efeitos das sucessões primárias e secundárias para os ecossistemas.

Questões para revisão

1. Comente quais são os aspectos estruturais e funcionais dos ecossistemas.

2. Explique como é formado o fenômeno *El Niño* e cite suas consequências.

3. Analise as alternativas a seguir e assinale aquela que representa apenas substâncias inorgânicas que devem ser reconhecidas nos ecossistemas:
   a) Nitrogênio e água.
   b) Carbono e carboidrato.
   c) Dióxido de carbono e proteína.
   d) Lipídio e aminoácido.
   e) Água e lipídio.

4. Analise as alternativas a seguir e assinale aquela que conceitua corretamente organismos decompositores:
   a) São organismos que utilizam a radiação solar fotossinteticamente ativa para reduzir o carbono inorgânico.
   b) São organismos que fixam o gás carbônico por meio da oxidação de amônia, metano e gás sulfídrico.
   c) São organismos que ingerem substâncias orgânicas para obter a energia utilizada no seu metabolismo.
   d) São organismos que utilizam matéria vegetal viva ou parte dela na sua alimentação.
   e) São organismos que utilizam animais e vegetais mortos na alimentação.

5. Indique a seguir a alternativa que representa corretamente os tipos de cadeias alimentares:
   a) De pastejo e de detritos.
   b) De herbívoros e de carnívoros.
   c) De pastejo e de predação.
   d) De produtores e de consumidores.
   e) De predação e de detritos.

Questões para reflexão

1. Por que podemos dizer que a quantidade de consumidores sustentada por uma determinada produção primária depende do comprimento da cadeia alimentar?

2. De que forma podemos relacionar o dióxido de enxofre com a chuva ácida?

Para saber mais

Recomendamos a obra a seguir, de Robert Barbault, para quem deseja aprofundar seus conhecimentos a respeito da estrutura e do funcionamento dos ecossistemas:

BARBAULT, R. **Ecologia geral**: estrutura e funcionamento da biosfera. Rio de Janeiro: Vozes, 2008.

4
Fluxo de energia e matéria nos ecossistemas

Conteúdos do capítulo:

» A primeira e a segunda leis da termodinâmica.
» Radiação solar, fotossíntese e respiração.
» Os diferentes tipos de produção que existem nos ecossistemas.
» Subsídio de energia, cadeias alimentares, teias alimentares e níveis tróficos.
» Metabolismo e tamanho de indivíduos.
» Estrutura trófica e pirâmides ecológicas.
» Conceito de capacidade de suporte.
» Ecossistemas aquáticos e ecossistemas terrestres.
» Método de estimativa da produção primária.
» Os diferentes tipos de ciclagem que ocorrem nos ecossistemas.
» Os ciclos biogeoquímicos e os efeitos da ação antrópica neles.

Após o estudo deste capítulo, você será capaz de:

1. identificar a primeira e a segunda leis da termodinâmica;
2. perceber a relação existente entre a radiação solar, a fotossíntese e a respiração;
3. diferenciar os tipos de produção;
4. compreender como ocorrem o subsídio de energia, as cadeias alimentares, as teias alimentares e os níveis tróficos dos ecossistemas;
5. relacionar o metabolismo ao tamanho dos indivíduos;
6. entender a estrutura trófica e as pirâmides ecológicas;
7. conceituar capacidade de suporte;
8. comparar as características dos ecossistemas aquáticos e terrestres;
9. estimar a produção primária;
10. apontar os diferentes tipos de ciclagem que ocorrem nos ecossistemas;
11. explicar os ciclos biogeoquímicos e os efeitos da ação antrópica neles.

Já sabemos que a interação existente entre os componentes bióticos e abióticos de um ecossistema permite que ocorra um fluxo de energia e matéria que gera estruturas biológicas bem definidas e estimula a ciclagem de materiais entre esses componentes. E é exatamente o fluxo de energia e matéria que será trabalhado neste capítulo. Aqui, demonstraremos a existência de uma relação entre radiação solar, fotossíntese e respiração e analisaremos o comportamento das cadeias alimentares, das teias alimentares e dos níveis tróficos para os ecossistemas. Mostraremos ainda as diferenças entre os tipos de ciclagem de nutrientes nos ecossistemas aquáticos e nos ecossistemas terrestres e trataremos dos efeitos da ação antrópica sobre os ciclos biogeoquímicos.

4.1 Primeira e segunda leis da termodinâmica

De acordo com o que aprendemos nos capítulos anteriores, quase toda a energia recebida pela biosfera é originária do Sol, e o comportamento dessa energia, assim como sua utilização, é regido pelas leis da termodinâmica.

Segundo a primeira lei da termodinâmica, ou *lei da conservação de energia*, a energia de um tipo pode ser transformada em outro, mas não pode ser criada nem destruída. Nesse sentido, se pensarmos na luz, ela pode ser convertida em trabalho, calor ou energia potencial do alimento; porém, nenhuma dessas formas pode ser destruída. Já conforme a segunda lei da termodinâmica, ou *lei da entropia*, nenhum processo que implique transformação de energia pode ocorrer de forma espontânea, a não ser que haja degradação da energia de uma forma concentrada em outra forma mais dispersa ou desorganizada. Isso explica por que nenhuma forma de energia pode ser espontaneamente transformada em 100% de energia potencial, uma vez que uma parcela dela será convertida em energia térmica, que será dissipada. A medida de energia que não está disponível como resultado de uma transformação é chamada de *entropia*, que pode ser utilizada como um indicador de desordem associado à deterioração da energia (Odum, 1988).

Algumas características termodinâmicas podem ser reconhecidas nos organismos e nos ecossistemas, por exemplo: criar e manter um estado de baixa quantidade de desordem, de entropia ou de elevada ordem interna. Esse estado é atingido quando a energia com grau de utilização elevado da luz ou dos alimentos é contínua e eficientemente dissipada como energia de pouca utilização, como o calor. A respiração total da comunidade, ao retirar de forma contínua a desordem, faz o ecossistema conservar a ordem em uma intricada estrutura de biomassa. Dessa forma, podemos considerar os organismos e os ecossistemas como sistemas termodinâmicos abertos, sem estado de equilíbrio, que trocam continuamente energia e matéria com o ambiente, reduzindo a entropia interna e elevando a entropia externa (Odum; Barrett, 2007).

Transformações de energia acompanham todas as diferentes formas de vida, porém, nenhuma energia é criada ou destruída. A energia da radiação solar, sob a forma de luz, que chega até a superfície do planeta é equilibrada pela energia em forma de calor, a qual é dissipada para o espaço. As transferências de energia permitem que ocorram eventos fundamentais para a vida, como a progressão de mudanças, o crescimento, a autoduplicação e a síntese de matéria (Odum, 1988).

Ecologistas têm estudado a relação da luz com os ecossistemas e como ocorre a transformação da energia nestes. Dessa forma, as relações existentes entre os organismos – como produtores e consumidores, ou predadores e presas, entre outros – são limitadas e controladas pelo fluxo de energia de formas concentradas para formas dispersas. Modelos de ecossistemas naturais vêm sendo utilizados para que o ser humano projete sistemas com mais eficiência energética e que estejam aptos a transformar formas de energia, como os combustíveis fósseis, em formas de energia concentrada, em sociedades industriais e tecnológicas. As leis que atuam sobre os sistemas não vivos (automóveis, por exemplo), também atuam sobre os ecossistemas. Contudo, nos ecossistemas e nos organismos, parte da energia interna é empregada em autorreparos e na expulsão das desordens; já os sistemas não vivos utilizam energia externa para serem consertados ou para reporem alguma parte (Odum; Barrett, 2007).

A absorção da luz por um objeto torna-o mais quente devido à transformação da luz em calor. Essa energia térmica é composta pelas vibrações das moléculas que compõem o objeto. A radiação solar é absorvida de diferentes maneiras, por terra e por água, criando áreas mais quentes e mais frias, as quais, por sua vez, originam o fluxo de ar utilizado na movimentação de moinhos de vento, e esse fluxo realiza o trabalho de bombear água em sentido contrário ao da gravidade. Esse exemplo ilustra a transformação da energia luminosa em energia térmica, que é convertida em energia cinética, da movimentação do ar, a qual conclui a tarefa de bombear a água. Como a energia latente decorrente da subida da água pode ser modificada em outra forma de energia quando deixa que a água caia ao seu nível inicial, podemos concluir que a subida da água não destrói a energia, mas, sim, transforma-a em energia potencial (Odum, 1988).

A energia potencial existente nos alimentos oriundos da fotossíntese, quando é utilizada pelos organismos que consomem tais alimentos, é convertida em outras formas de energia. Como a quantidade de uma forma de energia é equivalente à quantidade da outra forma na qual ela foi convertida, é possível calcular uma a partir da outra. Antes de ser gasta, a energia consumida é transformada de um estado de alta utilidade para um estado de baixa utilidade (Odum; Barrett, 2007).

A transferência da energia para uma forma cada vez mais indisponível e dispersa é abordada pela segunda lei da termodinâmica. Se pensarmos no sistema solar, o estado final de dispersão será aquele no qual toda a energia será encontrada como energia térmica e distribuída de maneira uniforme. Muitas vezes, esse método de degradação tem recebido o nome de *esgotamento do sistema solar* (Odum, 1988).

As diferenças de energia potencial e de temperatura mantidas pela entrada constante de energia solar luminosa fazem com que a Terra não atinja um estado energético estável. Porém, a sequência de transformações energéticas que estabelecem os fenômenos naturais no planeta está relacionada ao processo de buscar o estado estável. Dessa forma, ao atingir a superfície terrestre, a energia solar é degradada em energia térmica.

Apenas uma pequena parcela da energia solar luminosa é utilizada pelas plantas fotossintetizantes e convertida em energia potencial (alimento) – a maior parcela dessa energia é convertida em calor, que é dissipado para fora da planta, do ecossistema e da biosfera. Os demais organismos obtêm energia química potencial a partir das substâncias orgânicas produzidas pela fotossíntese ou pela quimiossíntese. Cada vez que a energia é transferida de um organismo para outro, uma grande parte dela é perdida sob a forma de calor, porém a entropia não é completamente negativa. À medida que diminui a quantidade de energia disponível, a qualidade da energia restante tende a melhorar (Odum; Barrett, 2007).

Embora pareçam ir contra a segunda lei da termodinâmica, os sistemas vivos a seguem porque a auto-organização e a formação de novas estruturas são observadas nesses sistemas, uma vez que eles não se encontram em equilíbrio e apresentam estruturas dissipativas, como a respiração, por meio das quais tais sistemas estão aptos a expelir a desordem (Odum, 1988).

Damos o nome de *fluxo de energia* à transferência de energia nos ecossistemas realizada por meio da cadeia alimentar, pois a segunda lei da termodinâmica postula que as modificações da energia são unidirecionais, o que contrasta com o comportamento cíclico da matéria (Odum; Barrett, 2007).

4.2 Radiação solar, fotossíntese e respiração

A radiação solar é um recurso fundamental para os vegetais, principalmente os fotossintetizantes, que utilizam uma parte da radiação solar visível entre o infravermelho e o ultravioleta (a qual nós chamamos de *luz*). O aumento da intensidade da radiação recebida por uma folha acarreta a elevação da taxa de fotossíntese, porém, o rendimento desta é decrescente, e isso varia de acordo com a espécie, principalmente se utilizarmos como exemplo as plantas que ocupam áreas sombreadas e ficam saturadas em condições de baixa intensidade de radiação, ou as espécies de plantas que habitam locais com alta incidência de radiação solar.

Outra situação que deve ser destacada é que, se o vegetal estiver sob a ação de uma elevada intensidade de radiação solar, a fotossíntese pode ser "fotoinibida". Dessa forma, à medida que aumenta a intensidade de radiação solar, cai cada vez mais a taxa de fixação do carbono. Cabe salientar que, quando sujeitas a uma alta intensidade de radiação solar, as plantas podem ser prejudicadas pelo superaquecimento. Assim, mesmo sendo um recurso fundamental para as plantas, a radiação solar pode ser excessiva ou escassa (Townsend; Begon; Harper, 2010).

O ângulo e a intensidade da radiação solar que chega até as plantas podem mudar, de forma regular e sistemática, em escala diária ou anual, ou de acordo com a profundidade do corpo de água no qual as plantas estejam ou da altura do dossel. A cobertura das nuvens e a sombra feita pelas plantas vizinhas também provocam alterações na intensidade da radiação solar que chega até as plantas, contudo, nesse caso, a mudança é irregular e não sistemática (Begon; Townsend; Harper, 2007).

Assim, a fotossíntese realizada por uma folha está sujeita a essas variações, e a planta unifica as exposições diversas de sua variedade de folhas. A diversidade na forma e no tamanho das folhas é determinada, principalmente, por fatores hereditários. Possivelmente, a variedade de folhas evolui por seleção natural devido à sua eficiência em utilizar a água e ao seu sucesso em diminuir o forrageio pelos herbívoros. Contudo, as respostas do organismo ao seu ambiente imediato também levam a essas variações. Em particular, as árvores, nas áreas expostas a uma intensa radiação solar, apresentam "folhas de sol", mais espessas e com mais cloroplastos, e, nas áreas mais sombreadas e sujeitas a pouca radiação solar, as "folhas de sombra", mais finas. As ervas e os arbustos frequentemente apresentam espécies de "sol" e de "sombra". Nas espécies de "sol", as folhas ficam expostas em ângulos agudos em relação ao Sol, no horário do meio-dia, e se sobrepõem em um dossel multiestratificado de forma a permitir que as folhas da parte inferior apresentem uma positiva taxa de fotossíntese líquida. Nas espécies de "sombra", para assegurar que o máximo de radiação seja captado, as folhas são dispostas em um dossel uniestratificado e horizontal. Assim, essas espécies de "sombra" minimizam a taxa de ganho diário de carbono a partir da fotossíntese, aumentando a capacidade de captar a radiação solar na planta inteira (Townsend; Begon; Harper, 2010).

Sob condições de baixas intensidades de luz, a variação da taxa de fotossíntese dos vegetais segue uma proporção direta de acordo com a quantidade de luz. Já sob condições em que a intensidade de luz vai aumentando, ocorre um aumento lento ou um nivelamento da taxa de fotossíntese dos vegetais. O ponto de compensação e o ponto de saturação representam os pontos de referência da resposta da fotossíntese à oscilação da intensidade de luz. O ponto de compensação representa o nível de intensidade de luz no qual há equilíbrio entre a assimilação fotossintética de energia e a respiração do vegetal. O saldo de energia de uma planta fica positivo acima do ponto de compensação, e negativo abaixo deste. Já o ponto de saturação ocorre quando os pigmentos fotossintetizantes ficam saturados de luz e, mesmo que ocorra um aumento na intensidade da luz acima desse ponto, não se observa resposta da taxa de fotossíntese (Ricklefs, 2003).

Na maioria das plantas, a fotossíntese, que ocorre nas células do mesófilo das folhas, inicia com o dióxido de carbono (CO_2) reagindo com a ribulose-difosfato (RuDP) e sendo convertido em fosfoglicerato (3PG). Essa reação pode ser representada da seguinte forma: $CO_2 + RuDP \rightarrow 2\ 3PG$.

Uma vez formado, o fosfoglicerato inicia o ciclo de Calvin-Benson, regenerando a molécula de ribulose-difosfato e disponibilizando um átomo de carbono para a síntese de glicose. A assimilação do carbono é feita com o auxílio da enzima RuDP, uma carboxilase, que tem pouca afinidade com o dióxido de carbono. Isso faz as plantas assimilarem o carbono de forma ineficiente sob condições de baixa concentração de dióxido de carbono na atmosfera e nas células do mesófilo.

Essa situação é compensada, e uma alta taxa de assimilação de carbono é atingida com as plantas sobrepondo as células do mesófilo com muita carboxilase RuDP. Sob condições de alta concentração de oxigênio e de baixa concentração de dióxido de carbono, principalmente quando a temperatura das folhas está alta, a enzima carboxilase RuDP catalisa a reação inversa: 2 3PG → CO_2 + RuDP.

Uma vez que essa reação desfaz de forma parcial o que a carboxilase RuDP realiza durante a assimilação do dióxido de carbono, a fotossíntese fica ineficiente e autolimitante. Assim, com a queda do nível de dióxido de carbono e o aumento do nível de oxigênio produzido pela fotossíntese nas folhas, a assimilação do carbono tende a ser inibida. A abertura dos estômatos das folhas poderia inibir o processo, porém, isso acarretaria uma perda excessiva de água (Ricklefs, 2003).

Muitas plantas de regiões quentes elevam o nível de dióxido de carbono (CO_2) e diminuem o nível de oxigênio (O_2), realizando uma fotossíntese na qual o dióxido de carbono reage com o fosfoenolpiruvato (PEP) e é convertido em ácido oxaloacético (OAA). Essa reação pode ser representada da seguinte forma: CO_2 + PEP → OAA.

A solução do problema com as concentrações de dióxido de carbono e de oxigênio também é auxiliada pela separação espacial, nas folhas, do passo inicial de assimilação ocorrido no ciclo de Calvin-Benson. Nesse caso, a assimilação do carbono é feita com o auxílio da enzima carboxilase PEP, que tem muita afinidade com o dióxido de carbono. Enquanto nesse tipo de fotossíntese a assimilação ocorre nas células do mesófilo da folha, a fotossíntese e o ciclo de Calvin-Benson ocorrem nas células da bainha do feixe. Dessa forma, o ácido oxaloacético entra nas células da bainha do feixe por difusão e é transformado em ácido málico, o qual, por sua vez, é decomposto e produz dióxido de carbono e piruvato. O primeiro entra no ciclo de Calvin-Benson, enquanto o segundo retorna às células do mesófilo, nas quais é convertido em PEP (Ricklefs, 2003).

As vantagens do segundo tipo de fotossíntese residem em três situações. A primeira é o fato de ela concentrar dióxido de carbono no interior das células da bainha do feixe até atingir concentrações superiores ao ponto de equilíbrio estabelecido pela difusão da atmosfera. A segunda é que nesse tipo de fotossíntese a eficiência do ciclo de Calvin-Benson é maior. A terceira é que a enzima carboxilase PEP, que tem muita afinidade com o dióxido de carbono, consegue reagir a este mesmo sob condições de baixa concentração desse gás. Com isso, as plantas diminuem a abertura dos estômatos e, como consequência, reduzem a perda de água. Contudo, esse tipo de fotossíntese tem a desvantagem de utilizar menos tecido foliar na assimilação do carbono, o que acaba reduzindo a taxa fotossintética potencial máxima. Dessa forma, em climas frios, com muita água no solo, a primeira forma de fotossíntese descrita é favorecida (Ricklefs, 2003).

O metabolismo autotrófico (anabolismo) geralmente é equilibrado pelos mecanismos heterotróficos de decomposição (catabolismo). Como a decomposição pode ser compreendida como uma oxidação biótica que produz energia, se considerarmos a necessidade de oxigênio, as diferentes formas de decomposição podem ser comparadas aos tipos de fotossíntese. Nesse sentido, podemos reconhecer os seguintes tipos de respiração: aeróbica, anaeróbica e de fermentação (Odum, 1988).

Na **respiração aeróbica**, utilizada por plantas, animais superiores e pela maioria dos moneras e protistas, o gás oxigênio é utilizado como aceptor de elétron (oxidante). Nesse tipo de respiração, uma matéria orgânica como a glicose ($C_6H_{12}O_6$) reage com seis moléculas do gás oxigênio (O_2) e é decomposta e reciclada em seis moléculas de dióxido de carbono (CO_2) e seis moléculas de água (H_2O), liberando energia. A respiração aeróbica pode ser representada pela seguinte fórmula química: $C_6H_{12}O_6 + 6\,O_2 \rightarrow 6\,CO_2 + 6\,H_2O \uparrow energia$ (Odum; Barrett, 2007).

A **respiração anaeróbica**, mesmo podendo ocorrer no tecido muscular estriado esquelético dos animais superiores, é caracteristicamente realizada por bactérias, leveduras, fungos e protozoários. Algumas bactérias, como as metanogênicas, são chamadas de *anaeróbicas obrigatórias* e, como resultado da decomposição da matéria orgânica, produzem gás metano. Outras bactérias, como a desulfobactéria, durante a respiração anaeróbica realizada em sedimentos profundos e águas anóxicas, reduzem o sulfato (SO_4) a gás sulfídrico (H_2S), que pode subir para o sedimento superior ou para a água de superfície onde é oxidado por organismos como as bactérias sulfurosas fotossintetizantes. Esse gás se combina com diversos minerais, fato que pode justificar a produção de minério de metal há milhões de anos. A fermentação também é anaeróbica, contudo, o composto orgânico oxidado também será o aceptor de elétrons (oxidante). Os organismos mais conhecidos que realizam fermentação são as leveduras (Odum, 1988).

Dependendo das condições ambientais, algumas bactérias podem realizar respiração aeróbica e anaeróbica, no entanto, o produto final de cada um desses tipos de respiração será diferente, e a produção de energia da respiração anaeróbica será menor. Por exemplo, quando a bactéria *Aerobacter* realiza respiração aeróbica, praticamente toda a glicose é convertida em biomassa e dióxido de carbono; mas, quando ela realiza respiração anaeróbica, apenas uma pequena parte da glicose é convertida em biomassa, e compostos orgânicos como álcool, ácido fórmico, ácido acético e butanodiol são liberados no ambiente. Para ocorrer a oxidação desses compostos e a recuperação de energia adicional, é necessária a participação de bactérias especializadas adicionais. Uma elevada taxa de entrada de detritos orgânicos no sedimento leva organismos como bactérias, fungos e protozoários a criarem condições anaeróbicas, exaurindo o oxigênio mais rapidamente do que a capacidade dele de se difundir na água e no solo. Se existir a diversidade ideal de metabolismo microbiano anaeróbico, a decomposição continuará em uma taxa mais baixa (Odum; Barrett, 2007).

Em condições normais, ou seja, sem a entrada de nutrientes sob a forma de esgoto doméstico não tratado, os corpos de água apresentam muito oxigênio dissolvido e uma diversidade de espécies elevada. Porém, o despejo de esgoto doméstico não tratado leva a respiração das bactérias a decompor a matéria orgânica, resultando na demanda bioquímica de oxigênio (DBO). Como resultado dessa decomposição, o corpo de água fica mais anaeróbico, com queda na concentração de oxigênio e diminuição na diversidade de espécies (Odum, 1988).

Os decompositores anaeróbicos são importantes para o ecossistema porque, ao respirarem ou fermentarem a matéria orgânica na camada anóxica e escura do sedimento, recuperam a energia e os materiais provisoriamente perdidos nos detritos do sedimento (Odum; Barrett, 2007).

4.3 Tipos de produção biológica: conceituação

A compreensão da produção e do consumo da matéria orgânica e da ciclagem dos nutrientes é fundamental para se entender o metabolismo dos ecossistemas. O estudo da produção biológica fornece a extensão e o sentido do fluxo de energia no ecossistema, sendo um reflexo da disponibilidade de energia em um nível trófico específico. A energia é utilizada para definir as interações tróficas no ecossistema porque apresenta um fluxo unidirecional nos níveis tróficos superiores (Pinto-Coelho, 2007). Durante o processo de produção, podem ser reconhecidos quatro passos sucessivos: a produção primária bruta (PPB); a produção primária líquida (PPL); a produção líquida da comunidade; e a produção secundária (Odum; Barrett, 2007).

Segundo Odum (1988), a **produção primária** bruta (PPB) é a taxa global de fotossíntese, incluindo a matéria orgânica usada na respiração durante o período de medição. Em outras palavras, ela representa a fixação total de energia pela fotossíntese. Porém, parte dessa produção é utilizada na respiração das plantas e é perdida pela comunidade sob a forma de calor respiratório (respiração autotrófica – R) (Begon; Townsend; Harper, 2007).

Já a **produção primária líquida** (PPC) é definida por Odum e Barrett (2007) como a taxa de armazenamento da matéria orgânica nos tecidos da planta que excede o uso respiratório (R) pelas plantas durante o período de medição. Esse tipo de produção pode ser calculado se subtrairmos da produção primária bruta a respiração autotrófica (PPL = PPB – R). Estima-se que a produção primária líquida da Terra esteja na ordem de 105 petagramas de carbono por ano. Desse total, os ecossistemas terrestres produzem aproximadamente 56,4 petagramas de carbono por ano, e os ecossistemas aquáticos, 48,3 petagramas de carbono para o mesmo período. Isso permite concluir que, mesmo que os oceanos cubram a maior área do planeta, aproximadamente dois terços da superfície da Terra, eles são responsáveis por menos da metade da produção primária líquida do planeta, enquanto as florestas e as savanas são responsáveis por 60%. Esse tipo de produção depende tanto da radiação solar quanto da disponibilidade de água, de nutrientes e da temperatura, que devem favorecer o crescimento das plantas. Algumas tendências podem ser reconhecidas no que se refere à produção primária líquida, como o fato de ela seguir um padrão crescente a com início nas áreas boreais e em direção aos trópicos, caracterizando uma tendência de variação latitudinal. A variação temporal da produção primária líquida pode ocorrer em uma escala de tempo maior, ou anual, e em uma escala de tempo menor, ou sazonal, como é caso das variações ao longo do dia (Begon; Townsend; Harper, 2007).

Por sua vez, a produção líquida da comunidade representa a proporção de matéria orgânica armazenada e não utilizada pelos organismos heterotróficos durante o período de medição, o qual pode se referir à estação de crescimento ou ao período de um ano (Odum, 1988).

Por fim, a produção secundária diz respeito às taxas de armazenamento pelos consumidores. Seu estudo requer algumas medições, como: do fluxo de energia (**A**) que atravessa um determinado nível trófico, como a população; do valor energético do alimento ingerido (**I**); da quantidade de excreção (**NA**); da produtividade (**P**) e da respiração (**R**). O fluxo de energia é calculado por meio das fórmulas $A = I - NA$ ou $A = P + R$ (Dajoz, 2008).

4.4 Subsídio de energia

A avaliação da produtividade dos ecossistemas leva em conta a natureza e a grandeza dos prejuízos energéticos, que resultam de perturbações (do clima, da colheita, da poluição etc.), e dos subsídios de energia, os quais contribuem com o processo produtivo ao reduzir a perda de calor respiratório utilizado na manutenção da estrutura biológica (Odum, 1988).

Quando fatores como a água, os nutrientes e o clima são favoráveis, a taxa de produção primária é alta, tanto nos sistemas naturais quanto naqueles criados pelo homem. Essa situação é mais evidente quando a energia auxiliar externa ao sistema diminui os custos de manutenção, aumentando a dissipação da desordem. A energia auxiliar que complementa a energia solar e diminui o gasto com a automação interna do ecossistema, elevando a quantidade de energia de outras fontes, e que pode ser convertida em produção, é chamada de *fluxo de energia auxiliar* ou *subsídio de energia*. Os subsídios de energia podem ser representados pelo vento, pela chuva, pela energia das marés e pelos combustíveis fósseis. Todos esses elementos têm em comum a capacidade de aumentar a produção dos vegetais e, com isso, beneficiar os animais que estão adaptados a utilizar a energia auxiliar (Odum; Barrett, 2007).

Nos sistemas naturais, as comunidades que apresentam maior produção bruta são as mesmas que se beneficiam dos subsídios naturais. Isso é observado nos estuários, em que os organismos tiram proveito da maré e acabam apresentando uma produção bruta semelhante à encontrada em culturas humanas (Odum, 1988).

A produção bruta nos sistemas produzidos pelo homem não é maior do que a observada nos sistemas naturais. A produção pode ser aumentada em áreas com baixa incidência de água e nutrientes se essas substâncias forem disponibilizadas. Porém, o aumento na produção primária líquida e na produção primária da comunidade é obtido por meio de subsídios de energia que, ao diminuírem os consumos autotrófico e heterotrófico, aumentam a safra (Odum; Barrett, 2007).

Outra situação que deve ser considerada é que determinado fator, sob certas condições do ambiente ou em um baixo nível de intensidade, pode atuar como subsídio de energia; no entanto, se as condições do ambiente forem diferentes ou se existir um nível maior de entrada, tal fator pode levar a um prejuízo energético e reduzir a produção (Odum, 1988).

4.5 Distribuição da produção primária

Quando analisamos a produção primária de diferentes plantas que atingem alturas variadas, percebemos a existência de uma distribuição vertical da produção primária. Essa produção primária, mais intensa no dossel da floresta e menor no sub-bosque, é explicada pelo fato de as folhas estarem fixas no espaço; assim, as folhas do dossel das árvores estão adaptadas ao Sol, e as folhas do sub-bosque estão adaptadas à sombra, razão por que são maiores e mais verdes. Esse mesmo padrão pode ser verificado nas áreas oceânicas costeiras mais férteis, nas quais a maior produção primária ocorre aproximadamente nos primeiros 30 m de profundidade, bem como nas áreas oceânicas abertas mais pobres e transparentes, em que a produção primária é maior – até cerca de 100 m de profundidade. Porém, em todos os corpos de água, como o fitoplâncton circulante está adaptado à sombra e é inibido pela incidência direta da radiação solar, a fotossíntese é mais intensa um pouco abaixo da superfície (Odum; Barrett, 2007).

A análise comparativa da distribuição latitudinal da produção primária em ecossistemas terrestres e dos oceanos demonstra que essa produção é menor nos desertos (inferior a $0,5 \cdot 10^3$ kcal/m² por ano) e nos oceanos profundos (inferior a $1,0 \cdot 10^3$ kcal/m² por ano), um pouco maior nos campos, em lagos profundos, florestas de montanhas, algumas culturas e águas da plataforma continental (entre 0,5 e $3,0 \cdot 10^3$ kcal/m² por ano), e maior ainda em florestas úmidas, lagos rasos, campos úmidos e na maior parte das culturas (entre 3,0 e $10,0 \cdot 10^3$ kcal/m² por ano). A maior produtividade primária é observada em alguns estuários, fontes, recifes de coral, comunidades terrestres em planícies aluviais e áreas de agricultura subsidiada com energia (10,0 a $25,0 \cdot 10^3$ kcal/m² por ano). Os desertos e as áreas oceânicas profundas apresentam baixa produção primária porque, no primeiro caso, existe limitação do fator água, e no segundo, limitação do fator nutriente. As regiões com maior produção primária recebem maior subsídio de água e nutrientes (Odum, 1988).

A análise da distribuição da produção primária bruta nos diferentes ecossistemas demonstra a existência de uma grande variação entre eles (Tabela 4.1).

Tabela 4.1 – Distribuição da produtividade primária líquida entre os principais ecossistemas

Ecossistema	Área (10⁶ km²)	Produtividade primária líquida por unidade de área (g/m² por ano)		
		Mínima	Máxima	Média
Arbóreo e arbustivo	8,5	250	1.200	700
Arbustivo de deserto e de semideserto	18,0	10	250	90
Bancos de algas e recifes	0,6	500	4.000	2.500
Continental total	149,0	–	–	773
Deserto extremo, rocha, areia e gelo	24,0	0	10	3
Estuários	1,4	200	3.500	1.500
Floresta boreal	12,0	400	2.000	800
Floresta temperada decídua	7,0	600	2.500	1.200
Floresta temperada sempre verde	5,0	600	2.500	1.300
Floresta tropical estacional	7,5	1.000	2.500	1.600
Floresta tropical úmida	17,0	1.000	3.500	2.200
Lago e córrego	2,0	100	1.500	250
Marinho total	361,0	–	–	152
Oceano aberto	332,0	2	400	125
Pântano e brejo	2,0	800	3.500	2.000
Plataforma continental	26,2	200	600	360
Pradaria temperada	9,0	200	1.500	600
Savana	15,0	200	2.000	900
Terra cultivada	14,0	100	3.500	650
Tundra e alpino	8,0	10	400	140
Zonas de ressurgência	0,4	400	1.000	500

Fonte: Adaptado de Odum; Barrett, 2007, p. 77.

4.6 Cadeias alimentares, teias alimentares e níveis tróficos

O conhecimento fornecido pelo estudo das interações tróficas, que demonstra a quantidade de interações existentes entre os organismos e assinala quais são os principais elementos relacionados à manutenção da estrutura dos ecossistemas, é fundamental para compreendermos os mecanismos que controlam o funcionamento destes. As principais formas de representarmos essas interações são a cadeia alimentar, as teias alimentares, as pirâmides energéticas, as matrizes tróficas e os fluxos tróficos.

Uma **cadeia alimentar** representa a série de eventos de predação (predar e ser predado) observados em comunidades e ecossistemas. Vamos tomar como base um dos exemplos de cadeia alimentar fornecidos no Capítulo 3: a cadeia alimentar de pastejo inicia-se com a transferência de energia assimilada pelos produtores fotossintetizantes, os quais são predados pelos herbívoros pastejadores que, por sua vez, são predados pelos carnívoros. Se pensarmos em um ecossistema marinho, teríamos a seguinte configuração: o fitoplâncton, que realiza fotossíntese e assimila a energia obtida por meio da radiação solar, é utilizado como alimento pelos organismos que compõem o zooplâncton, os quais, por seu turno, são predados por outros organismos, como os peixes. Há dois tipos de cadeias alimentares, a de pastoreio e a de detritos – ambas já caracterizadas no Capítulo 3.

Várias espécies fazem parte de diferentes cadeias alimentares. Assim, interconectam essas diferentes cadeias, formando o que chamamos de ***teia alimentar***. Os principais atributos de uma teia alimentar, segundo Pinto-Coelho (2007, p. 158), são:

a) número de espécies na rede (S): número total de espécies presentes numa dada rede;
b) densidade de ligações (D): número de ligações tróficas associadas a cada espécie presente na rede;
c) espécie trófica: conjunto de espécies que compartilham o mesmo conjunto de presas ou são atacadas pelo mesmo predador;
d) predador de topo: espécie que não é predada por nenhum predador na rede onde se alimenta;
e) espécies basais: organismos que não se alimentam de nenhuma outra espécie. Em geral são produtores primários;
f) ciclos tróficos: ocorrem quando um organismo A alimenta-se do organismo B, que, por sua vez, alimenta-se do organismo C, que se alimenta do organismo A;
g) conectância: número de interações tróficas realizadas dividido pelo número de interações tróficas possíveis. Havendo várias fórmulas na literatura para sua estimativa;
h) nível trófico: número de ligações tróficas entre uma dada espécie na rede e espécie basal a ela associada, podendo haver uma espécie que ocupe simultaneamente mais de um nível trófico;
i) onívoro: organismo que se alimenta em dois ou mais níveis tróficos diferentes;
j) compartimentos: ocorre quando existe um grupo com fortes interações tróficas, podendo haver, em uma dada rede, certo paralelismo trófico, ou seja, a existência de vários compartimentos relativamente independentes entre si.

Conforme trabalhamos no Capítulo 3, os níveis tróficos de cadeias alimentares em ecossistemas naturais complexos são ocupados pelos organismos que obtêm sua nutrição do Sol, e as cadeias têm o mesmo número de níveis. Esse capítulo deve ser consultado para uma melhor visão dos níveis tróficos produtor, consumidor primário, consumidor secundário e consumidor terciário.

4.7 Metabolismo e tamanho de indivíduos

Em um ecossistema, a biomassa é representada pelo peso total ou pelo conteúdo calórico total dos organismos presentes em qualquer momento da vida deles. A biomassa depende da sua posição na teia alimentar e do tamanho dos indivíduos e pode ser mantida pelo fluxo ininterrupto de energia na cadeia alimentar. Portanto, uma biomassa pequena de organismos com um tamanho menor poderá ser sustentada em um determinado nível trófico do ecossistema. Da mesma forma, se o organismo tiver um tamanho maior, a biomassa também será maior. Assim, mesmo que utilizem a mesma quantidade de energia, as bactérias, por exemplo, sempre vão apresentar uma biomassa menor do que os peixes e os mamíferos. Para os animais, normalmente, a taxa de metabolismo dos indivíduos varia conforme a potência de três quartos do peso do seu corpo (Odum; Barrett, 2007).

A taxa metabólica por grama de peso dos organismos pequenos (algas, bactérias e protozoários) é maior do que a taxa metabólica por grama de peso dos organismos de maior porte (vertebrados e árvores). Muitas vezes, as partes mais importantes da comunidade, em termos de metabolismo, são os vários organismos menores, inclusive os microscópicos, e não os poucos organismos de maior porte. Desse modo, o fitoplâncton, com uma biomassa de poucos quilos por hectare, pode ter um metabolismo alto, equivalente a um volume bem maior de árvores por hectare. Da mesma forma, uma biomassa de poucos quilos de zooplâncton que se alimenta de algas pode apresentar a mesma respiração total que uma manada de búfalos (Odum, 1988).

Frequentemente medimos a taxa de consumo de oxigênio ou da sua produção, no caso da fotossíntese, para estimar a taxa metabólica dos organismos ou das populações. A taxa metabólica de um organismo animal tem a tendência de se elevar de acordo com o aumento do peso, elevado à potência de três quartos e à medida que o seu comprimento diminui. As teorias sobre essa tendência, denominadas *lei da potência três quartos*, enfatizam que os organismos de maior porte têm área de superfície menor por unidade de peso, e por meio das áreas ocorrem os processos de difusão (Odum; Barrett, 2007).

Normalmente, as taxas metabólicas são maiores em temperaturas mais altas. Por isso, excetuando-se os casos em que há adaptação à temperatura, todas as comparações devem ser realizadas em temperatura semelhante (Odum, 1988).

A revisão das relações de escala alométrica em animais e plantas, feita por West, Brown e Enquist (1997), permitiu aos autores a proposta de um modelo em que a taxa metabólica (**Y**) é o produto da constante característica do tipo de organismo (**Yo**) pela massa (**M**) elevada ao expoente de escala (**b**), que normalmente resulta em múltiplos de um quarto. Essa proposta pode ser expressa da seguinte forma: $Y = Yo \cdot M^b$ (Odum; Barrett, 2007).

Ao compararmos organismos com o mesmo tamanho, as relações recém-descritas podem não se aplicar, porque, além do tamanho, fatores como a taxa respiratória, que é diferente entre os vertebrados de sangue quente e frio, afetam a taxa metabólica. Por isso, se um peixe e um herbívoro terrestre de sangue quente tiverem a mesma disponibilidade de energia, a biomassa desse peixe em uma lagoa pode apresentar a mesma ordem de grandeza que a do herbívoro terrestre. Contudo, existe menos disponibilidade de oxigênio na água do que no ar, fato que, por sua vez, pode tornar essa disponibilidade um fator limitante. Existe uma tendência de os animais aquáticos apresentarem taxa respiratória de um peso específico inferior à dos animais terrestres com peso semelhante, o que pode afetar a estrutura trófica (Odum, 1988).

Como a definição de um indivíduo é mais difícil nas plantas – pois, ao mesmo tempo que uma árvore é um indivíduo, suas folhas também podem atuar como indivíduos funcionais no que diz respeito às relações tamanho/área superficial –, o estudo da relação entre tamanho e metabolismo também é mais difícil em se tratando desses organismos (Odum; Barrett, 2007).

O estudo ontogenético de uma espécie também pode demonstrar a relação inversa que existe entre tamanho e metabolismo. Nesse caso, se compararmos a taxa metabólica do ovo com a do adulto, poderemos verificar que o adulto apresenta taxa metabólica bem menor por grama de biomassa do que o ovo. Não podemos nos esquecer de que a taxa metabólica de cada peso, e não o metabolismo total do indivíduo, diminui com o aumento do tamanho. É por isso que uma criança requer menos alimento total do que um adulto, mas precisa de mais alimento por quilo de peso corporal (Odum, 1988).

4.8 Pirâmides ecológicas

Como as representações de uma teia alimentar podem se tornar complexas, alguns esquemas têm buscado representar essas interações de forma mais simples, como é o caso das pirâmides ecológicas, que podem ser de números, de biomassa e de energia (Figura 4.2) (Pinto-Coelho, 2007).

A pirâmide de números permite representar o número de indivíduos por unidade de área, nos diferentes níveis tróficos. Já a pirâmide de biomassa utiliza uma medida que representa a quantidade de material vivo, como a biomassa ou o valor calórico, mas não considera sua taxa de renovação e acúmulo ao longo do tempo. Já a pirâmide de energia faz uso de informações sobre as produções primária e secundária para demonstrar a quantidade de energia existente nas inter-relações tróficas de uma comunidade e as taxas de acúmulo de biomassa no ecossistema, além de revelar como a energia unifica. Em outras palavras, essa pirâmide é o denominador comum que torna possível a comparação de ecossistemas diferentes (Odum, 1988).

Figura 4.2 – Tipos de pirâmides ecológicas

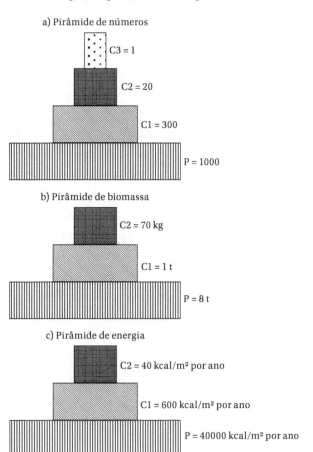

Legenda: P = produtores; C1 = consumidores primários; C2 = consumidores secundários; C3 = consumidores terciários.

Fonte: Adaptada de Odum, 1988.

4.9 Conceito de capacidade de suporte

A capacidade de suporte de um ecossistema é alcançada quando toda a entrada de energia disponível é usada na manutenção das estruturas e das funções básicas do ecossistema, isto é, quando a produção (P) é igual à manutenção respiratória (R). Podem ser reconhecidos dois tipos de capacidade de suporte: a máxima e a ótima.

A **capacidade de suporte máxima** (K) se refere à biomassa que pode ser mantida sob condições conhecidas de produção e manutenção respiratória. Ela não é absoluta e pode ser superada se existir um elevado ímpeto de crescimento. Já a **capacidade de suporte ótima** é capaz de ser sustentável por um longo período de tempo diante das incertezas ambientais e é menor do que a capacidade de suporte máxima. Se considerarmos os indivíduos e as populações, a capacidade de suporte dependerá do número de indivíduos, da sua biomassa e do seu estilo de vida.

4.10 Ecossistemas aquáticos *versus* ecossistemas terrestres: características

Podemos dividir os ecossistemas aquáticos em ecossistemas de água salgada e ecossistemas de água doce. Os primeiros são representados por: oceanos, plataformas continentais, regiões de ressurgência, fontes hidrotermais, estuários, manguezais e recifes de coral – já caracterizados no Capítulo 2. Os ecossistemas de água salgada ocupam quase três quartos (72%) da biosfera, ou 370 milhões de quilômetros quadrados da superfície terrestre. A salinidade dos ecossistemas de água salgada é estimada em 35 gramas por litro, e o principal sal encontrado é o cloreto de sódio (NaCl).

Em comparação com os ecossistemas terrestres, seu clima é mais constante, e a temperatura varia entre 2 °C e 32 °C. Em profundidades superiores a 600 m, a temperatura é de 2,5 °C – a exceção são as fontes hidrotermais, nas quais a temperatura pode atingir 350 °C. A fauna exclusivamente marinha é composta por cnidários, equinodermos e cefalópodes. Os cnidários são organismos que podem se fixar ou se arrastar pelo fundo oceânico, como as medusas e os corais. Os equinodermos são organismos cujo corpo é revestido por placas calcárias que constituem seu esqueleto espinhoso externo, como as estrelas-do-mar e os ouriços-do-mar. Os cefalópodes são organismos que podem ou não apresentar concha externa ou interna, como o polvo e a lula.

A região litoral ou continental dos ecossistemas de água salgada se estende desde a praia até uma profundidade de cerca de 200 m. Devido à boa disponibilidade de luz e de nutrientes, a vida nessa região é abundante. A região abissal compreende as áreas com profundidade superior a aproximadamente 200 m, e, em virtude da diminuição da disponibilidade de luz e de nutrientes, e graças ao aumento da profundidade, a vida nela não é abundante.

A diminuição da entrada de luz com o aumento da profundidade permite o reconhecimento de três regiões distintas:

1. **A região eufótica**: Devido à penetração da luz, é muito iluminada até cerca de 80 m de profundidade e permite o desenvolvimento de grandes populações de algas.
2. **A região disfótica**: A penetração da luz vai diminuindo com o aumento da profundidade e, por isso, esta região vai se tornando cada vez menos iluminada – até que a luz não a alcance mais.

3. **A região afótica**: Esta região não recebe luz solar e, devido à escuridão total que nela ocorre, não existe vida vegetal e a fauna é composta apenas por animais carnívoros.

Os organismos que habitam os ecossistemas de água salgada podem ser classificados, conforme a sua movimentação, em: planctônicos, nectônicos e bentônicos. Os **organismos planctônicos**, como algas, ovos de peixes, larvas de peixes e outros animais, embora possam apresentar estruturas natatórias, locomovem-se por meio das correntes marinhas. Os **organismos nectônicos** são representados por peixes, mamíferos marinhos, polvos, lulas, tartarugas etc., habitam a coluna de água e são capazes de se movimentar contra as correntes marinhas. Por sua vez, os **organismos bentônicos**, como equinodermos, cnidários etc., são aqueles que podem se movimentar, fixar-se e enterrar-se no substrato. Os fatores que contribuem para o estabelecimento da vida nos ecossistemas de água salgada são a temperatura, a incidência de radiação solar, a salinidade e a disponibilidade de nutrientes (Schmiegelow, 2004).

Além dos rios, dos lagos e das áreas úmidas de água doce, caracterizados no Capítulo 2, os ecossistemas de água doce ou límnicos são representados por lagoas, córregos, riachos, represas etc. Tratam-se dos menores ecossistemas aquáticos e, embora existam exceções, quando os comparamos com os ecossistemas de água salgada, apresentam profundidade menor – em média, de 350 m. Além disso, sua temperatura oscila menos, têm baixa salinidade – em média 18 g/l – e a penetração de luz solar nesses ecossistemas é menor por conta da grande concentração de matéria orgânica. As angiospermas e as algas verdes constituem a flora dos ecossistemas de água doce, cuja fauna é representada por peixes, tartarugas, anfíbios, aranhas, insetos etc. (Tundisi;

Tundisi, 2008). De acordo com o fluxo de água, os ecossistemas de água doce podem ser classificados em dois tipos:

1. **Ecossistemas lênticos**: Apresentam águas doces paradas, como lagos, pântanos, entre outros. Nas águas subterrâneas, devido à falta de luz, os animais são cegos ou possuem olhos atrofiados, fortes cores de pele e alto desenvolvimento da sensação do tato.
2. **Ecossistemas lóticos**: Apresentam água corrente, cuja flora é composta por muitas espécies de algas de água doce, e os animais que deles fazem parte ou são bons nadadores para vencerem as correntes ou desenvolveram estruturas de fixação, como as observadas nas sanguessugas, por exemplo.

Ainda, o ecossistema fitolimno é representado pelas águas retidas nas bromélias ou em cascas de árvores ocas, nas quais também são encontradas larvas de insetos, crustáceos, algas, cogumelos, líquens e planárias.

4.11 Ecossistemas terrestres

Ao longo do Capítulo 2, utilizamos a flora madura e dominante para identificar e classificar os ecossistemas terrestres – floresta pluvial tropical, savana, campos temperados, deserto, floresta temperada, taiga (floresta setentrional) e tundra. Neste momento, analisaremos o solo como o centro da organização dos ecossistemas terrestres. Isso é possível porque, na maioria das vezes, antes que os nutrientes sejam disponibilizados para as plantas, é no solo que eles são regenerados e reciclados.

O solo resulta da ação do clima e dos organismos, principalmente dos vegetais e dos microrganismos, sobre as rochas existentes na superfície do planeta. Dessa forma, ele é composto por um substrato geológico ou mineral – a rocha – e por uma parte orgânica, na qual ocorre a mistura dos organismos e dos seus produtos com a rocha alterada. Gases e água são encontrados preenchendo as lacunas existentes entre as partículas do solo. A fertilidade do solo é determinada por sua textura e porosidade (Odum, 1988).

Cerca de 90% da atividade metabólica do solo se concentra em locais nos quais se observa uma grande quantidade de microrganismos nas raízes, pelotas fecais, manchas de matéria orgânica e secreções de mucosas nas lacunas existentes no solo, chamados de *rizosferas*, e nos agregados orgânicos, que também são locais quentes. O solo pode ser considerado o centro organizador dos ecossistemas terrestres; nos ecossistemas aquáticos, os sedimentos atuam de forma semelhante. A quantidade de liberação de nutrientes realizada pela decomposição controla a respiração, a reciclagem e outras funções do ecossistema (Odum; Barrett, 2007).

Ao analisarmos um campo erodido ou um barranco, percebemos que camadas distintas e diferenciadas quanto à cor compõem o solo, as quais são chamadas *horizontes do solo*. A sequência dessas camadas é que constitui o perfil do solo.

O horizonte A ou superior (ou solo superficial) é constituído por restos de animais e vegetais que, pelo processo de humificação, estão sendo decompostos em material orgânico finamente dividido. As camadas de serapilheira (A-0), húmus (A-1) e zona lixiviada (A-2) representam os estágios progressivos de humificação observados nos solos maduros. Na serapilheira, os microrganismos, em conjunto com os artrópodes, decompõem o material orgânico e, por isso, podem ser considerados um subsistema ecológico. Se ocorrer a remoção desses artrópodes, chamados de *fragmentadores* – pois quebram os pedaços de detrito particulado em matéria orgânica dissolvida (MOD) –, a decomposição será reduzida. O aporte anual para a serapilheira por meio da queda de folhas é maior à medida que se avança das latitudes árticas para o Equador.

Já no horizonte B, encontramos o solo mineral, em que os organismos decompositores transformaram os compostos orgânicos em compostos inorgânicos, os quais são combinados com a rocha finamente dividida. O fluxo de água descendente do horizonte A para o B permite a lixiviação ou depósito, no horizonte B, dos materiais solúveis produzidos no horizonte A.

No horizonte C, encontramos a rocha-mãe pouco alterada, o que pode representar a formação mineral primordial que está sendo desintegrada no local original ou pode ter sido levada até lá pela ação da gravidade (depósito coluvial), pela água (depósito aluvial), por geleiras (depósito glacial) ou pelo vento (depósito eólico) (Odum, 1988).

O perfil do solo, assim como a espessura dos seus horizontes, são características de cada região climática e situação geográfica. Nos campos, por exemplo, onde a humificação é rápida e a mineralização é lenta, o curto período de vida das gramíneas e o seu crescimento anual levam muito material orgânico a ser depositado e rapidamente degradado, resultando em uma serapilheira estreita e com muito húmus. Nas florestas, por sua vez, a humificação é lenta e a mineralização é rápida, pois ocorre a degradação lenta da serapilheira e das raízes, resultando em uma camada fina de húmus (Odum; Barrett, 2007).

A topografia da região tem muita influência sobre o perfil do solo. Dessa forma, terrenos com inclinação acentuada apresentam solos com os horizontes A e B estreitos, devido aos processos de erosão. Os terrenos planos ou pouco inclinados apresentam perfil de solo mais desenvolvido e horizontes mais profundos e maduros, sendo, por isso, mais produtivos. A água pode lixiviar material para as camadas mais profundas do solo de terrenos com pouca drenagem. Com isso, forma-se um horizonte endurecido que não é penetrado por raízes, animais e água (Odum, 1988).

Existem muitos tipos diferentes de solo em uma cidade, estado ou país, cujo mapeamento e descrição são fundamentais para o estudo dos ecossistemas terrestres. Recomenda-se a medição de, no mínimo, três atributos nos horizontes A e B. O primeiro é a textura, ou seja, refere-se à determinação da porcentagem de areia, silte e argila que entra na composição do solo; o segundo diz respeito à porcentagem de matéria orgânica que está presente no solo; e o terceiro é a estimativa da sua capacidade de troca, isto é, a quantidade de nutrientes trocáveis. Não devemos nos esquecer de que, quando as condições são favoráveis, a fertilidade do solo é determinada pela quantidade de minerais disponíveis, e não pela quantidade total de materiais (Odum; Barrett, 2007).

Os principais tipos de solo encontrados no mundo são:

- alfissolo – presente nas florestas e moderadamente intemperizado;
- aridossolo – encontrado nos desertos;
- entissolo – recente e não tem perfil desenvolvido;
- espodossolo – encontrado nas florestas de coníferas do Hemisfério Norte;
- histossolo – tipo de solo orgânico.
- inceptissolo – solo pouco desenvolvido;
- molissolo – encontrado nos campos;
- oxissolo – característico de regiões tropicais;
- ultissolo – encontrado nas florestas e muito intemperizado;
- vertissolo – feito de argila expansível.

Destes, os melhores para a agricultura são o alfissolo (ou terra roxa) e o molissolo (Odum, 1988).

Como o solo de uma região pouco inclinada é o produto da ação dos organismos e do clima sobre uma rocha, os principais tipos de solo citados podem formar um mapa composto de clima e vegetação. Ecologicamente, o solo de uma determinada região pode ser classificado como *maduro*, quando apresentar topografia plana ou pouco ondulada e controlada pelo clima e pela vegetação da região, e *imaturo*, quando controlado pela topografia da região, pelo nível da água ou pelo tipo raro de rocha (Odum; Barrett, 2007)

4.12 Métodos de estimativa da produção primária

A estimativa da produção primária de um ecossistema é importante para a compreensão do seu funcionamento e para a implantação de técnicas sustentáveis de conservação e manejo. Alguns métodos que podem ser utilizados para essa finalidade, nos ecossistemas aquáticos, são: produção de oxigênio, incorporação de $^{14}CO_2$ (isótopo de carbono radiativo ou carbono-14) e curva diurna. Já nos ecossistemas terrestres, os métodos para estimar a produção primária são: absorção de dióxido de carbono (CO_2), método da colheita e método da clorofila.

4.12.1 Métodos de estimativa da produção primária em ecossistemas aquáticos

O método da produção de oxigênio também é chamado de *método dos frascos claros e escuros* e tem como base a mensuração do oxigênio liberado durante a realização da fotossíntese. Para isso, parcelas da amostra devem ser colocadas em frascos transparentes e em frascos escuros e incubadas por um determinado período de tempo; depois, deve ser verificada a diferença de oxigênio nos distintos frascos. Para tal, devemos utilizar as seguintes fórmulas: $Pb = c + e$, $Pl = c - i$, $R = i - e$, nas quais **Pb** é a produção bruta; **Pl**, a produção líquida; **R**, a respiração; **i**, o oxigênio dissolvido inicial; **c**, o oxigênio dissolvido dos frascos claros; e **e**, o oxigênio dissolvido dos frascos escuros (Gaarder; Gran, 1927).

Nesse método, não são consideradas a fotorrespiração e a respiração dos heterótrofos – esta leva a uma subavaliação dos valores de produção líquida. A utilização do método da produção de oxigênio é mais indicada para ambientes eutróficos e hipereutróficos.

O método da incorporação de $^{14}CO_2$ é muito utilizado e tem como base a adição de carbonato radioativo inorgânico ($H^{14}CO_2$) em frascos. Para isso, parcelas da amostra devem ser colocadas em frascos transparentes e em frascos escuros, nos quais é adicionado $H^{14}CO_2$. Após quatro horas de exposição, o conteúdo dos frascos precisa ser filtrado em filtros de membranas de 0,2 a 0,4 mm de espessura. Depois de tratados para eliminar o carbono inorgânico, os filtros devem ser colocados em um cintilador, que irá medir a radioatividade existente.

Ao mesmo tempo, determina-se o conteúdo de carbono inorgânico da água. Para estimar a taxa de incorporação do carbono inorgânico, é utilizada a seguinte fórmula: $I = (F \cdot RI \cdot C \cdot VU \cdot 1000)/(RA \cdot VF \cdot T)$, em que **I** é o carbono (^{12}C) incorporado na biomassa $(mg \cdot C)/(h \cdot m^3)$; **F**, o fator discriminante de 1,05 que compensa as diferenças de absorção de carbono-12 e carbono-14 pelas plantas, sendo este mais pesado e absorvido mais lentamente; **RI**, o carbono radioativo (^{14}C) incorporado na biomassa ($RI = RI_{(c)} - RI_{(e)}$, em dpm); **C**, o carbono inorgânico (^{12}C) presente na água, que pode ser estimado por meio da alcalinidade, do pH, da temperatura e da salinidade; **VU**, o volume do frasco;

RA, o carbono radioativo (^{14}C) adicionado (em dpm/ml); **VF**, o volume filtrado; **T**, o tempo de incubação; e **dpm**, a radiação medida em desintegrações por minuto, obtida a partir de dados de contagem por minuto (cpm) devidamente corrigidos (Steemann-Nielsen, 1952). Esse método apresenta elevada precisão e pode ser empregado em comunidades nas quais a produção primária é baixa.

O método da curva diurna se baseia na variação do oxigênio dissolvido (OD) em um período de 24 horas. Durante o período diurno, a fotossíntese libera oxigênio e, durante o período noturno, a respiração das plantas utiliza oxigênio. Dessa forma, o saldo diurno de oxigênio pode ser estimado por meio da produção líquida (Pl); a respiração (R) pode ser estimada pelo déficit noturno de oxigênio; e a produção bruta (Pb), pela soma da produção líquida (Pl) com a respiração (R). Para tal, podemos empregar a seguinte fórmula: $Pb = Pl + R$.

A difusão do oxigênio tanto em direção das plantas para a atmosfera quanto desta para as plantas deve ser avaliada de forma precisa; para isso, ela depende de mensurações precisas da velocidade e direção do vento, da temperatura nas camadas da coluna de água, da densidade da água e da salinidade (Pinto-Coelho, 2007).

4.12.2 Métodos de estimativa da produção primária em ecossistemas terrestres

O método de absorção de dióxido de carbono (CO_2) toma como base a determinação da quantidade de gás carbônico absorvida pelas plantas, e pode ser utilizado em estudos que envolvam a comunidade como um todo ou que enfoquem plantas isoladas. Nos casos em que o trabalho visa a analisar a produção primária em ambientes abertos, a taxa de absorção será medida por meio da análise das variações do gradiente de gás carbônico observado em cada estrato da vegetação ao longo do dia. A metodologia mais empregada utiliza torres nas quais são acoplados sensores capazes de medir a concentração de gás carbônico, bem como a temperatura, a umidade relativa do ar e a velocidade do vento. Por meio da determinação do gradiente de concentração do gás carbônico, é possível determinar o fluxo de gás carbônico (Q_c) existente entre a cobertura vegetal, o ar livre e o solo. Para isso, é preciso definir, conforme a lei de Fick, o coeficiente de transferência turbulenta (k_c), o qual deve ser multiplicado pelo gradiente de concentração de gás carbônico ($\delta c/\delta z$). Assim, a fórmula para a determinação do fluxo é: $Q_c = k_c \cdot (\delta c/\delta z)$.

A concentração de gás carbônico é medida com um aparelho analisador de radiação infravermelha, a qual é emitida por uma fonte do próprio aparelho. Ao passar por duas câmaras – uma contendo gás carbônico e outra, nitrogênio – a radiação é absorvida de forma diferente por esses gases e, então, amplificada. Em seguida, as amostras de ar existentes nas câmaras são registradas em intervalos de tempo regulares, por exemplo, a cada 30 segundos, e a taxa de assimilação fotossintética é estimada pelas diferenças de concentrações de CO_2 durante esse intervalo de tempo.

Nos casos em que o estudo tem como objetivo analisar a produção primária de uma planta individualmente, o primeiro passo é extrair uma amostra do tecido fotossintetizante, que então deve ser colocada em uma câmara contendo sensores que irão mensurar a temperatura e a umidade relativa. Em seguida, em intervalos de tempo regulares, devem ser extraídas amostras de ar do interior da câmara, e a taxa de assimilação fotossintética (F) poderá ser determinada por meio das diferenças de concentração de dióxido de carbono que foram registradas ao longo do intervalo de tempo estabelecido. A fórmula utilizada para estimar a assimilação fotossintética é: $FCO_2 = (\delta C_a \cdot V)/(t \cdot A)$. Nesta fórmula, **Ca**, representa o abaixamento da concentração de CO_2 no intervalo de tempo considerado $(mg \cdot C)/(m^3 - s)$; **V**, o volume da câmara em m³; **t**, o tempo em segundos; e **A**, a área da foliar, em m² (Pinto-Coelho, 2007).

A determinação das variações temporais na biomassa das plantas serve de base para a utilização do método da colheita. Nesse método, a variação da biomassa deve ser medida em um intervalo de tempo (entre t_1 e t_2) para que seja obtida a produção aparente (P_n). Porém, para calcular a produção primária, a quantidade de matéria vegetal produzida antes do intervalo de tempo (C_n) deve ser estimada, e a quantidade de matéria vegetal produzida e consumida no período de tempo considerado (C_1) também deve ser levada em conta. Para calcular a produção, devemos utilizar as seguintes fórmulas: $\Delta B = P_n - (C_n + C_1)$ e $P_n = \Delta B + (C_n + C_1)$, sendo **ΔB** a modificação da biomassa entre o período de tempo t_1 e t_2 (Pesson, 1978). Esse método é mais indicado para plantas herbáceas, arbustos e macrófitas.

Por seu turno, o método da clorofila pode ser empregado para estimar a produtividade primária quando sabemos qual é a concentração da clorofila (A) por unidade de área e qual é a taxa específica de assimilação expressa na forma de clorofila. Para isso, a fórmula a ser utilizada é: $P_b = C_{ca} \cdot R_{ass}$, em que **P** é a produção, expressa em $(mg \cdot c)/(m^2 \cdot h)$; **Cca**, a concentração de clorofila por unidade de área, expressa em mg clorofila/m²; **R**, a taxa de assimilação específica, expressa em (mgC · mg clorofila)/h (Pinto-Coelho, 2007).

4.13 Ciclagem de matéria nos ecossistemas

Damos o nome de *ciclos biogeoquímicos* aos processos que, ao realizarem a transformação da matéria orgânica do seu estado original para o seu estado mineral e deste para o estado orgânico novamente, possibilitam a constante reciclagem da matéria. Os principais ciclos biogeoquímicos estão relacionados ao carbono, nitrogênio, fósforo e enxofre – já abordados no Capítulo 3 –, à água, que será analisada a seguir, e aos oligoelementos cálcio, sódio, magnésio, silício e ferro, a serem estudados mais adiante neste capítulo.

4.13.1 Ciclo da água

A ciclagem da água por meio dos ecossistemas está relacionada a eventos como fotossíntese, evaporação, transpiração e precipitação atmosférica, sendo que os três últimos são responsáveis pela maior parte da ciclagem. Como esses processos interligam a movimentação da água aos processos de transformação de energia, o ciclo da água acaba ilustrando várias características dos ciclos dos demais elementos (Ricklefs, 2003).

A água compreende 1.384 milhões de km³ da biosfera e está distribuída desigualmente pelo planeta. Desse total, 1.348 milhões de km³ (97,4%) ocorrem nos oceanos e 36,8 milhões de km³ (2,6%) existem na forma de água doce, distribuindo-se da seguinte forma: 27,8 milhões de km³ permanecem na forma de geleiras; 8,3 milhões de km³ estão concentrados em águas subterrâneas; 225 mil km³ estão espalhados em águas de superfície (rios e lagos); 12,7 mil km³ estão dispostos na atmosfera; e 400 km³ estão dentro dos organismos (Dajoz, 2008).

Enquanto no ambiente terrestre a precipitação atmosférica supera a evaporação e a transpiração, nos oceanos a evaporação é mais elevada do que a precipitação e a evaporação. A maior parte da água oceânica evaporada é levada pelos ventos até os continentes, onde precipita-se sobre a terra. O escoamento da água pelos rios até as bacias oceânicas equilibra o fluxo de vapor de água dos oceanos para a terra (Ricklefs, 2003).

A quantidade de água em movimento (drenada pelo solo, escoada pelos rios, existente nas nuvens e na forma de vapor na atmosfera) é muito pequena (0,08%), mas é importante por fornecer quantidade necessária para a manutenção da vida dos organismos e contribuir para a produtividade dos ecossistemas ao transportar elementos químicos. A vegetação afeta de maneira substancial esse fluxo, pois retém parte da água nas folhas das plantas e a libera por evaporação, além de absorver a água do solo, que será transferida pela transpiração (Townsend; Begon; Harper, 2010).

4.14 Ciclagem de nutrientes nos ecossistemas

O suprimento de nutrientes nos ecossistemas é fundamental para sua manutenção e sua recuperação, ocorrendo de forma distinta nos ecossistemas aquáticos e terrestres. Dessa forma, se pretendemos trabalhar com um ecossistema, independentemente da sua natureza, é imprescindível a compreensão de como ocorre a ciclagem dos seus nutrientes e de como seus elementos estão envolvidos nela.

4.14.1 Ciclagem de nutrientes em ecossistemas aquáticos

Nos ecossistemas aquáticos, a maioria dos suprimentos de nutrientes ocorre por meio do escoamento superficial. Nos rios, riachos e lagos com escoamento, a exportação de nutrientes pelas correntes é a característica mais importante. Nos lagos sem escoamento e nos oceanos, a principal rota é pelo acúmulo dos nutrientes em sedimentos permanentes (Townsend; Begon; Harper, 2010).

Nos rios e riachos, somente uma parte dos nutrientes é utilizada nas interações biológicas, e a maioria deles é levada na sua forma particulada ou diluída para os lagos e os oceanos. Porém, existem nutrientes que são sucessivamente reciclados da sua forma inorgânica, na água, para sua forma orgânica nos organismos, e destes para sua forma inorgânica, na água. A reciclagem da forma inorgânica para a orgânica é realizada por bactérias, fungos e algas que habitam o sedimento do leito dos rios. Contudo, na forma orgânica, os nutrientes passam pela teia alimentar por meio dos pastejadores e dos carnívoros, retornando à sua forma inorgânica quando esses organismos morrem e são decompostos pelos organismos detritívoros (Begon; Townsend; Harper, 2007).

O fluxo de nutrientes nos lagos apresenta as ações fundamentais do fitoplâncton e do zooplâncton. Contudo, como a maioria dos lagos está interconectada pelos rios, a reserva de nutrientes acaba sendo parcialmente determinada pelos processos internos desses lagos. Nas regiões áridas, muitos lagos que não têm fluxo corrente perdem água por meio da evaporação e, com isso, apresentam concentração de nutrientes, principalmente de sódio e fósforo. Esses lagos são muito férteis e sustentam grandes populações de algas verde-azuladas e de organismos filtradores de plâncton (Townsend; Begon; Harper, 2010).

Nos estuários, o plâncton e o bento desempenham um papel importante no fluxo de nutrientes, mas esse papel pode variar de acordo com o estuário, uma vez que o aporte de nutrientes nesses locais depende das características da bacia por onde os rios fluem (e as atividades humanas podem alterar a composição química da água desses rios e o fluxo de nutrientes nos estuários) (Begon; Townsend; Harper, 2007).

A maior parte da água oceânica é perdida pela evaporação. Nos oceanos, o fitoplâncton e o zooplâncton são os principais agentes transformadores do carbono inorgânico dissolvido. Existem duas rotas para a ciclagem do carbono: na primeira, o microzooplâncton consome o pequeno fitoplâncton, fato que faz reciclar o dióxido de carbono na zona eufótica, além de ocorrer a liberação de matéria orgânica dissolvida e a decorrente mineralização dessa matéria pelas bactérias; na segunda, o fitoplâncton maior e o macrozooplâncton atuam no fluxo de carbono particulado e dissolvido para as regiões mais profundas, onde uma parte é consumida pela biota local, outra parte é mineralizada pelos decompositores e, ainda, uma terceira parte acaba adicionada ao sedimento. Enquanto a fonte de carbono nos oceanos é atmosférica, as fontes de nutrientes são os rios e as áreas de ressurgência (Townsend; Begon; Harper, 2010).

4.14.2 Ciclagem de nutrientes em ecossistemas terrestres

Nos ecossistemas terrestres, a principal entrada de nutrientes (cálcio, ferro, magnésio, fósforo e potássio) ocorre em virtude do intemperismo de rochas e solos, e então eles podem ser absorvidos pelas plantas por meio das suas raízes. Embora exista intemperismo pelo congelamento da água ou pela ação das raízes sobre as rochas, vamos concentrar nossos estudos nos intemperismos químicos.

O intemperismo por meio da carbonatação ocorre quando o ácido carbônico (H_2CO_3) reage com minerais, liberando íons de cálcio e potássio. Outras formas de intemperismo se dão por meio da dissolução de minerais na água, que disponibiliza nutrientes das rochas e do solo, e das reações hidrolíticas com os ácidos orgânicos, liberados pelos fungos associados às raízes das plantas (Begon; Townsend; Harper, 2007).

As fontes de carbono e de nitrogênio para os ecossistemas terrestres são o dióxido de carbono e o próprio nitrogênio existentes na atmosfera. As bactérias nitrificantes e as algas, que apresentam a enzima nitrogenase, convertem o gás nitrogênio em íons de amônia (NH_4), que são absorvidos pelas raízes das plantas. Em todos os ecossistemas terrestres, uma parte do nitrogênio recebido é originária da atividade bacteriana de vida livre, capaz de fixar esse elemento. Porém, as comunidades com populações de leguminosas e de amieiro, cujas raízes têm nódulos com bactérias fixadoras de nitrogênio, podem receber um suprimento adicional desse elemento por meio dessas raízes (Townsend; Begon; Harper, 2010).

Alguns nutrientes vindos da atmosfera ficam disponíveis em virtude da deposição úmida (chuva, neve e neblina) ou da deposição seca, que ocorre com a queda de partículas nos períodos de estiagem e absorção gasosa. Na chuva, além da água, existem substâncias químicas provenientes de gases traços (óxidos de enxofre e nitrogênio), de aerossóis, formados pela evaporação de gotas de água do oceano, que libera partículas com sódio, magnésio, cloreto e sulfato, e de partículas ricas em cálcio, potássio e sulfato, liberadas em incêndios, atividades vulcânicas e pela ação dos ventos. A concentração de nutrientes na chuva é maior quando ela inicia e diminui à medida que a atmosfera vai ficando limpa. A disponibilização dos nutrientes dissolvidos na chuva para as plantas ocorre no momento em que a água da chuva atinge o solo e é absorvida pelas raízes e quando é absorvida pelas folhas. A neve, por sua vez, é menos eficiente no processo de retirar nutrientes da atmosfera; já a neblina apresenta uma alta concentração de íons (Begon; Townsend; Harper, 2007).

A circulação dos nutrientes em uma comunidade pode durar vários anos, porém, um átomo tem possibilidade de circular na comunidade rapidamente, provavelmente sem interagir com os organismos dela. Independentemente da forma de circulação, no final o átomo será perdido devido aos mecanismos de remoção de nutrientes existentes que compõem o débito da equação do estoque de nutrientes (Townsend; Begon; Harper, 2010).

A liberação para a atmosfera é uma via de perda de nutrientes. Muitas comunidades são capazes de equilibrar a quantidade de carbono fixado pelas plantas com a quantidade de carbono que é perdido, por meio da respiração, para a atmosfera, na forma de dióxido de carbono. O gás metano é produzido pela atividade bacteriana da camada anóxica do solo inundado de pântanos e de outras áreas de terra úmida; porém sua passagem para a atmosfera está vinculada às quantidades em que ele foi produzido e consumido pelas bactérias aeróbias que habitam os horizontes superficiais do solo.

Além disso, não devemos nos esquecer de que o metano é produzido pela fermentação, que ocorre no processo de fermentação anaeróbica durante a digestão dos animais pastejadores. Nas florestas de altitude, cujos períodos de chuva intensa criam condições anaeróbicas na camada orgânica do solo, algumas bactérias reduzem o nitrato a gás nitrogênio ou a óxido nitroso (N_2O) por meio do processo de desnitrificação. As plantas, por sua vez, podem liberar gases e particulados, como pode ser observado nos dosséis das florestas, que produzem hidrocarbonetos voláteis, e nas florestas tropicais, onde as árvores liberam aerossóis com fósforo, potássio e enxofre. O gás amônia, que faz parte da composição de nutrientes de vários ecossistemas, é liberado por meio da decomposição das excretas dos vertebrados (Begon; Townsend; Harper, 2007).

Alguns elementos são perdidos quando a água de drenagem do solo transporta nutrientes particulados (na forma de matéria orgânica morta e de partículas inorgânicas) e dissolvidos do ecossistema terrestre para o ecossistema aquático. Nessa solução, predomina a perda de nutrientes vegetais, com exceção do ferro e do fósforo, que não têm mobilidade no solo (Townsend; Begon; Harper, 2010).

4.15 Estudos quantitativos dos ciclos biogeoquímicos

A comparação das reciclagens em diferentes ecossistemas pode ser realizada por meio da utilização do índice de ciclagem (**CI**). Podemos explicar a ciclagem de um ecossistema baseados na relação à proporção de materiais importados que se movimentam entre os compartimentos antes de serem exportados. A porção reciclada é a soma das quantias que se movimentaram por meio de cada compartimento, conforme a fórmula: $CI = TST_c/TST$, em que **TSTc** representa parte do fluxo total do sistema reciclado, e **TST**, o fluxo total do sistema. Quando negativo, o fluxo total do sistema representa a soma de todas as importações menos a variação no armazenamento no sistema; quando positivo, indica a soma de todas as exportações mais a variação no armazenamento no sistema. Elementos não essenciais e elementos essenciais requeridos em pouca quantidade conforme a sua disponibilidade apresentam baixo índice de ciclagem (Odum; Barrett, 2007).

4.15.1 Ciclagem de elementos não essenciais

Embora aparentem não ter importância para alguns organismos, os elementos não essenciais podem circular entre eles e o ambiente dos ecossistemas. A razão dessa aparente indiferença pode ser o fato de os organismos estarem tão adaptados à presença desses elementos que não os percebem. Isso pode nos fazer acreditar que a ciclagem deles não tem muita relevância, contudo, vários desses elementos estão relacionados ao ciclo sedimentar geral, ao passo que uma grande quantidade deles, mesmo sendo tóxicos, acumula-se nos tecidos orgânicos, e outros, ainda, podem entrar na atmosfera.

Por isso, em decorrência das atividades humanas (como a industrial e a mineradora), que liberam metais pesados e compostos orgânicos tóxicos entre outros materiais perigosos, os ecologistas devem se interessar pela ciclagem dos elementos não essenciais e prestar atenção ao aumento do despejo de lixo tóxico, que, ao escapar para o ambiente, acaba contaminando os ciclos dos elementos essenciais (Odum, 1988).

4.15.2 Ciclagem de nutrientes nos trópicos

A compreensão dos processos relacionados aos ciclos biogeoquímicos nas regiões tropicais é importante para que sejam traçadas estratégias corretas de desenvolvimento sustentável nessas regiões. A falta desse conhecimento pode ser considerada uma das causas do fracasso em se utilizar nas regiões tropicais a metodologia agroflorestal desenvolvida nas regiões temperadas (Odum; Barrett, 2007).

O fracasso ou grande passivo ambiental gerado pela utilização de uma metodologia agroflorestal inadequada pode ser constatado quando analisamos os impactos gerados pelas culturas de seringueiras, que foram estimuladas na região amazônica no início do século XX, e o desmatamento de áreas florestais para a criação de gado, no Estado de Rondônia, nas décadas de 1970 e 1980. O insucesso dessas e de outras iniciativas agroflorestais acabou tornando difícil justificar sua implementação (Pinto-Coelho, 2007). Segundo esse autor, algumas características dos ciclos biogeoquímicos nas regiões tropicais são (Pinto-Coelho, 2007):

» A assimilação de maior quantidade de elementos na biomassa – e não no solo – e nos sedimentos, como ocorre nas regiões temperadas.
» A elevada taxa de renovação da biomassa associada à maior intensidade com que os processos de decomposição e excreção de nutrientes ocorrem.
» A ocorrência de muitas simbioses entre autótrofos e heterótrofos, como as micorrizas, as zooxantelas e as associações entre os corais e as algas existentes nos recifes, o que promove o retorno mais fácil dos elementos dos organismos em decomposição para a biomassa das plantas.
» A alta capacidade de lixiviação das florestas trópicas em consequência do baixo pH do solo e da ausência de argila, o que impede a retenção do nutriente no solo.

4.15.3 Efeitos da ação antrópica nos ciclos biogeoquímicos

As atividades humanas lançam na atmosfera várias substâncias tóxicas que afetam os ciclos biogeoquímicos e causam poluição. Tais substâncias, pouco ou nada biodegradáveis (pesticidas e metais pesados), apresentam-se no ecossistema e podem ocorrer em baixa concentração na atmosfera, como a matéria orgânica, que polui corpos de água, e o dióxido de carbono e o metano, razões do efeito estufa. Os ciclos biogeoquímicos são incapazes de controlar essas substâncias quando elas estão presentes em concentrações elevadas (Dajoz, 2008).

Os organismos tolerantes à concentração de muitas substâncias são conhecidos como *bioacumuladores*. O acúmulo de substâncias passa, por meio da cadeia alimentar, para os demais níveis tróficos, pois, quando um predador se alimenta de uma presa, a substância acumulada nela passa para o predador. No ambiente aquático, os organismos também podem absorver os poluentes diretamente da água. Como várias dessas substâncias são parcialmente metabolizadas – e algumas sequer chegam a ser metabolizadas –, a concentração delas nos tecidos permanece inalterada. A redução que a biomassa sofre ao mudar de nível trófico e o maior tempo de vida dos predadores fazem com que estes acumulem substâncias tóxicas por mais tempo (Begon, Townsend; Harper, 2007).

Metais pesados, como mercúrio, arsênico, chumbo, cobre, níquel, zinco etc., são liberados no ambiente em decorrência de diversas atividades humanas, como a mineração, a fundição de metais, a queima de combustíveis fósseis e a produção de fungicidas. Esses metais pesados são tóxicos para muitos organismos, mesmo se as suas concentrações forem baixas. Muitos desses metais se acumulam no solo, afetando de forma adversa a população de fungos, líquens e musgos quando suas concentrações chegam a níveis críticos. Com a morte dos decompositores, diminuem a nitrificação e a decomposição da matéria orgânica no solo, comprometendo o ciclo biogeoquímico desses materiais e as cadeias alimentares (Ricklefs, 2003).

Os inseticidas químicos foram desenvolvidos para o controle de pragas específicas em locais determinados e por certo período de tempo. Porém, se eles forem tóxicos para outros organismos, escoarem para outras áreas ou persistirem no ambiente, causarão diversos problemas. Inseticidas como o DDT são bioacumulados e, à medida que são transportados pela cadeia alimentar, tornam-se mais concentrados. Assim, podem causar diversos problemas aos predadores do topo da cadeia, nível em que a concentração desses inseticidas é muito alta (Townsend; Begon; Harper, 2010).

A poluição por elementos radioativos ocorre devido a emissões decorrentes de explosões nucleares, do descarte inadequado de rejeitos radioativos ou em consequência de acidentes. Assim como os inseticidas organoclorados, os elementos radioativos se acumulam nos organismos à medida que são transferidos pela cadeia alimentar (Dajoz, 2008).

Estudo de caso

Estudo da capacidade de suporte em uma população de veados campeiros

Neste estudo, para a determinação da capacidade de suporte de uma população de veados campeiros, uma área de 2,5 km^2 foi cercada e povoada por três indivíduos dessa espécie. Alguns anos depois, a população de veados campeiros contava com 110 indivíduos. Quando o pastejo tornou prejudicial a manutenção dessa população, o manejo dos animais foi autorizado e a população declinou para cerca de 57 indivíduos, permanecendo estável por mais alguns anos. Dessa forma, foi proposto que a capacidade máxima de suporte seria de dois hectares por animal e que a população deveria atingir esse nível. No caso de ocorrer alguma interferência sobre a manada, a população iria aumentar até o limite máximo de disponibilidade de recursos vitais, como alimentos, ser atingida. Assim, a quantidade aproximada de 100 veados campeiros, ou seja, quatro hectares por animal, representa a capacidade de suporte de densidade ótima dessa população, o que evita a morte dos indivíduos por inanição ou doenças e prejuízos ao ambiente. Neste estudo de caso, a predação, que é capaz de manter a população abaixo da capacidade de suporte máxima, prioriza a qualidade em detrimento da quantidade.

Síntese

Neste capítulo, mostramos que o fluxo de energia nos ecossistemas é regido pelas leis da termodinâmica. Apontamos também que a radiação solar é o recurso do qual os vegetais retiram a energia necessária para realizar a fotossíntese e verificamos a importância dos decompositores anaeróbicos para o ecossistema, pois eles recuperam a energia e os materiais provisoriamente perdidos nos detritos do sedimento.

Explicamos que a compreensão da produção biológica permite que se conheça a extensão e o sentido do fluxo de energia no ecossistema e indicamos que o estudo das interações tróficas, por meio da análise da cadeia alimentar, das teias alimentares, das pirâmides energéticas, das matrizes tróficas e dos fluxos tróficos, demonstra as interações entre os organismos e evidencia os principais elementos relacionados à manutenção da estrutura dos ecossistemas.

Além disso, analisamos que, embora a ciclagem dos elementos não essenciais pareça irrelevante, seu estudo é importante, pois alguns desses elementos estão relacionados com o ciclo sedimentar geral, ao passo que outros podem entrar na atmosfera ou se acumular nos tecidos orgânicos, mesmo sendo tóxicos.

Por fim, apontamos que a compreensão dos processos relacionados com os ciclos biogeoquímicos nas regiões tropicais é importante para que sejam traçadas estratégias corretas de desenvolvimento sustentável nessas regiões, além de mostrarmos que as atividades humanas liberam na atmosfera várias substâncias tóxicas, pouco ou nada biodegradáveis, que afetam os ciclos biogeoquímicos e causam poluição.

Questões para revisão

1. Comente como as árvores respondem às variações na intensidade de luz que atinge suas folhas.

2. Diferencie a produção primária bruta da produção primária líquida de um ecossistema.

3. Indique a seguir a alternativa que representa corretamente o ecossistema que tem maior produtividade primária:
    a) Oceanos profundos.
    b) Florestas de montanhas.
    c) Florestas úmidas.
    d) Desertos.
    e) Estuários.

4. Marque a alternativa que explica corretamente uma pirâmide ecológica de números:
    a) Representa os valores da biomassa.
    b) Representa o número de indivíduos por unidade de área.

c) Representa o valor calórico.
d) Representa os números da produção primária.
e) Representa os números da produção secundária.

5. Analise as proposições a seguir e marque aquela que fornece corretamente uma característica dos ciclos biogeoquímicos nas regiões tropicais:
   a) Apresentam maior assimilação de elementos no solo ou no sedimento.
   b) Têm baixa taxa de renovação da biomassa.
   c) Apresentam poucas simbioses entre autótrofos e heterótrofos.
   d) Assimilam maior quantidade de elementos na biomassa.
   e) Apresentam pouca lixiviação, o que favorece a retenção do nutriente no solo.

Questões para reflexão

1. Comente de que forma podemos perceber a ação da primeira e da segunda leis da termodinâmica nos ecossistemas.
2. Comente por que os decompositores anaeróbicos são importantes para o ecossistema.

Para saber mais

O *site* a seguir apresenta aplicações teóricas e práticas para trabalhos na área da ecologia:

SÓ BIOLOGIA. Disponível em: <http://www.sobiologia.com.br/conteudos/bio_ecologia/ecologia6.php>. Acesso em: 31 maio 2016.

5

Diversidade, estabilidade e maturidade dos ecossistemas

Conteúdos do capítulo:

» Os sentidos do termo *estabilidade*.
» Diversidade e estabilidade.
» Respostas evolutivas às diferentes mudanças nos ecossistemas.
» Consequências das estratégias individuais para a estruturação da comunidade.

Após o estudo deste capítulo, você será capaz de:

1. explicar os diversos sentidos do termo *estabilidade*;
2. perceber a relação entre diversidade e estabilidade;
3. compreender as respostas evolutivas às diferentes mudanças nos ecossistemas;
4. indicar as consequências das estratégias individuais para a estruturação da comunidade.

Neste capítulo, enfocaremos a diversidade, a estabilidade e a maturidade dos ecossistemas naturais e dos ecossistemas sob ação antrópica. Nosso objetivo é que você, leitor, compreenda o comportamento dos ecossistemas naturais e o impacto causado pelas ações humanas. Para tanto, iniciaremos nossas atividades com uma análise dos diferentes sentidos que podem ser dados à palavra *estabilidade*. Em seguida, abordaremos as relações entre diversidade e estabilidade dos ecossistemas e analisaremos como ocorrem as respostas evolutivas diante das mudanças no ambiente físico, na disponibilidade de recursos e na pressão de predação. Para finalizar o capítulo, faremos um estudo sobre as consequências das estratégias individuais para a estruturação da comunidade.

5.1 Sentidos do termo *estabilidade*

A primeira dificuldade com que nos deparamos ao tratar da *estabilidade* dos ecossistemas reside na sua conceituação, pois esse termo tem muitos sentidos. A *estabilidade* pode ser analisada com relação à **remanescência** (ou **constância**), que se refere à persistência temporal de uma comunidade. Nesse sentido, quando uma sucessão ecológica está próxima do clímax, as comunidades ficam constantes por mais tempo, enquanto as sucessões ecológicas mais distantes do clímax geralmente apresentam comunidades variáveis. Por isso, podemos afirmar que a remanescência ou a constância aumentam conforme o ecossistema vai se tornando maduro.

Outra forma de estudarmos a estabilidade dos ecossistemas é de acordo com a **resistência**, que corresponde à habilidade que o ecossistema tem de resistir às perturbações e manter inalterados sua estrutura e seu funcionamento. A resistência é caracterizada pela capacidade que o ecossistema apresenta de resistir à invasão de espécies alóctones, especialmente as exóticas. À medida que uma sucessão ecológica se aproxima do clímax, a resistência aumenta e a fixação de espécies alóctones torna-se cada vez mais improvável.

A estabilidade do ecossistema também pode ser avaliada pela **resiliência** ou **elasticidade** (ou, ainda, **homeostasia**), que reflete a capacidade que o ecossistema tem para restaurar seu funcionamento e sua estrutura depois de sofrer uma perturbação. Os ecossistemas mais próximos do estágio pioneiro aparentam ter uma resiliência maior do que os ecossistemas próximos do clímax.

Por fim, a estabilidade pode ser analisada pela **persistência**, que representa a capacidade que o ecossistema tem de se manter inalterado diante das variações. O aumento da quantidade de mecanismos reguladores que o ecossistema apresenta à medida que se aproxima do clímax torna essa propriedade maior (Dajoz, 2008).

5.2 Diversidade e estabilidade

Uma vez que os ecossistemas estáveis apresentam grande diversidade específica, podemos pensar que a diversidade aumenta com a estabilidade de resistência, fato que demonstra o quanto o ecossistema é resistente a possíveis distúrbios, sendo, com isso, capaz de manter sua estrutura e sua função inalteradas. Contudo, existe uma relação complexa entre a diversidade e a estabilidade, a ponto de tornar-se uma relação positiva secundária ou não casual, em que os ecossistemas estáveis geram alta diversidade, mas o contrário pode não ocorrer (Odum; Barrett, 2007).

Os seguintes argumentos que visam a defender a existência de uma relação entre a diversidade e a estabilidade são apresentados por Dajoz (2008): a resistência à invasão por espécies alóctones é maior quando a diversidade aumenta; normalmente, as monoculturas são alvo de insetos nocivos, de ervas daninhas ou de doenças parasitárias; conforme a biodiversidade aumenta, a riqueza específica de níveis tróficos de categoria mais elevada também aumenta.

Alguns estudos tendem a demonstrar a inexistência de uma relação entre a diversidade e a estabilidade, como o realizado por Huston (1979), autor que concluiu que ecossistemas periodicamente perturbados – não equilibrados – têm a tendência de apresentar maior diversidade específica do que os ecossistemas equilibrados, que têm intensa dominância e exclusão competitiva. Outros estudos, porém, como os realizados por McNaughton (1978), Carson e Barrett (1988) e Brewer, Benninger-Truax e Barrett (1994), demonstraram, nos campos estudados por eles, que, no nível dos produtores primários, a diversidade específica se relaciona com a estabilidade.

5.3 Respostas evolutivas às mudanças no ambiente físico

Vários fatores ambientais, como a luz e a precipitação das chuvas, afetam o desenvolvimento dos organismos. As plântulas que crescem sob a incidência direta da luz solar apresentam sistemas radiculares maiores e menos folhas do que as plântulas que crescem na sombra. Isso porque as plantas que crescem em um ambiente aberto, sujeito à incidência direta da luz solar, precisam de um sistema radicular maior para captar mais água, ao passo que um ambiente sombreado, ao exigir menos economia de água por parte das plantas, permite que estas se desenvolvam nesse tipo de ambiente, alocando uma quantidade maior da sua produção no caule e nas acículas. A quantidade menor de folhas apresentada pelas plântulas que crescem em ambientes bem iluminados resulta numa taxa mais baixa de fotossíntese por unidade de massa da planta diante das condições de alta intensidade de luz. Tais respostas demonstram como as plantas alocam sua produção de forma a adquirir na quantidade necessária os recursos mais limitantes para o seu crescimento (Ricklefs, 2003).

Normalmente, as respostas de desenvolvimento são irreversíveis, ou seja, a partir do momento em que são fixadas, permanecerão sem alterações pelo resto da vida do organismo. Como os tempos de resposta são longos e irreversíveis, as respostas de desenvolvimento não podem se adaptar às mudanças ambientais de curto prazo. Tais respostas normalmente estão muito relacionadas às alterações ambientais, pois aqueles indivíduos que não responderem de forma adequada morrerão e não deixarão descendentes (Ricklefs, 2003).

5.4 Respostas evolutivas às mudanças na disponibilidade de recursos

Vários organismos desenvolveram mecanismos de defesa que minimizam a chance de um embate com seus predadores ou que elevam a chance de sobrevivência caso esse embate aconteça.

Porém, existem casos nos quais o recurso alimentar (presa), com uma estratégia de defesa melhor, desempenha uma pressão seletiva sobre o seu consumidor (predador), o qual visa a sobrepujar a estratégia da presa. O predador que alcança esse nível de especialização estará mais adaptado que os seus competidores e, consequentemente, mais especializado em explorar a presa em questão. Essa situação deixará a presa sob pressão para desenvolver um mecanismo de defesa contra aquele predador específico, e assim ocorre sucessivamente. Dessa forma, essa interação coevolutiva contínua é observada tanto na presa quanto no predador. Ao desenvolver mecanismos que permitem sobrepujar a defesa da presa, o predador passará a ter acesso a um recurso indisponível para outros indivíduos. Por exemplo: plantas que desenvolvem toxinas para se defenderem, devido à sua especificidade, exigem uma resposta específica do predador; plantas que desenvolvem compostos químicos, tornando-se indigeríveis pelo seu predador, têm nesse mecanismo de defesa uma estratégia mais difícil de ser sobrepujada por qualquer tipo de adaptação direcionada (resposta específica do predador quanto à presa).

    A relação entre parasitas e hospedeiros os torna muito aptos a desenvolver a interação coevolutiva recém-apresentada. Porém, essa interação não é tão clara, pois, em alguns casos, o hospedeiro desenvolve mecanismos de defesa contra o parasita e se torna mais resistente a este. Entretanto, o parasita favorecido pela seleção natural será aquele que tiver a maior taxa reprodutiva, o que pode ocorrer em níveis intermediários de parasitose. Existem casos em que essa coevolução entre parasita e hospedeiro é percebida por meio do aumento da resistência do hospedeiro e da infecciosidade do parasita (Townsend; Begon; Harper, 2010).

5.5 Respostas evolutivas às mudanças na pressão de predação

Por habitarem ambientes muito variáveis, os animais constantemente estão sendo forçados a mudar de comportamento, principalmente com relação aos alimentos, pois devem encontrar onde forragear, escolher a presa, entre outras decisões. Algumas teorias buscam esclarecer como são tomadas essas decisões com base no provável custo-benefício de cada comportamento adotado. Provavelmente, o comportamento selecionado será aquele que trará maior benefício para o animal.

O tempo e a energia gastos permitem que seja mensurado o custo do comportamento adotado. Já a melhor maneira de mensurar o benefício desse comportamento se dá de acordo com o ajustamento evolutivo. Porém, a mensuração da consequência da escolha de um determinado comportamento para a sobrevivência e o sucesso reprodutivo de um organismo é difícil. Ecologistas têm mensurado esse benefício por meio de fatores que possivelmente estão mais relacionados ao ajustamento – por exemplo, por meio da identificação de quanto alimento foi capturado em um determinado período de tempo. Isso pode ser facilmente percebido se utilizarmos as aves como exemplo: para alimentar os filhotes que não conseguem sair do ninho, os pais devem partir para buscar o alimento necessário; assim, quanto maior for a área percorrida pelos pais, maior será a quantidade de alimento disponível para eles; no entanto, se demorarem muito tempo, gastarão mais energia e correrão mais riscos.

Outro fator a ser considerado é que as aves, quando capturam sua presa, mantêm-nas na base do bico, que suporta até uma determinada quantidade de alimento. Obviamente, quanto mais presas forem armazenadas, mais difícil será capturar uma próxima presa. Por isso, conforme elas capturam mais alimento, menor fica a taxa de captura e a quantidade total de presas capturadas diminui. Pensando na alimentação dos filhotes que estão no ninho, a taxa na qual os pais oferecem alimento para eles é a razão entre o número de presas capturadas pelo tempo de viagem de forrageamento, que pode ser expressada pela seguinte fórmula: $Tx = N/T$, em que **Tx** é a taxa de alimento; **N**, o número de presas; e **T**, o tempo de viagem de forrageamento do trajeto.

Nessa viagem, estão incluídos o gasto no local de captura da presa e o gasto de viagem entre o ninho e o local de forrageamento. A taxa de entrega de alimento para os filhotes pode ser aumentada se os pais gastarem menos tempo na viagem e trouxerem mais presas do que a quantidade máxima que conseguiriam. Assim, conforme afirma Ricklefs (2003, p. 180), "a carga ótima varia na relação direta com o tempo de viagem, ou, mais geralmente, com qualquer custo fixo por viagem".

5.6 Consequências das estratégias individuais para a comunidade

Algumas vezes, os animais são atraídos de formas independentes para a mesma área. Com isso, formam agregados, nos quais os indivíduos interagem para competir por espaço, recurso ou acasalamento. Existem casos em que pais e filhotes formam um grupo, o que acaba não contribuindo para a dispersão da carga genética. Os verdadeiros grupos sociais são formados com base na atração de indivíduos sem parentesco, que se unem em decorrência de um propósito comum.

Os grupos formados pelos animais visam a melhorar sua capacidade de sobrevivência, de acasalamento e, especialmente, de obtenção de alimentos, pois, enquanto uma parcela do grupo se alimenta, outra observa e, se necessário, avisa sobre a aproximação de predadores. Porém, se o grupo for muito grande, seus integrantes irão explorar mais rapidamente um determinado alimento e terão de se deslocar para áreas mais distantes em busca de comida, despendendo energia e tempo de alimentação, além de permanecerem expostos por mais tempo aos predadores. Por isso, a união de indivíduos em grupos é uma boa estratégia; contudo, o grupo não pode ser muito grande.

Nas interações sociais, a distinção entre os comportamentos doador e receptor do indivíduo é muito importante, pois cada ação pode afetar de forma positiva ou negativa o seu sucesso reprodutivo. Nesse sentido, a interação de egoísmo entre doador e receptor irá beneficiar o doador, mas, por aumentar o ajuste entre os dois, será favorecida pela seleção natural. A interação de malignidade entre doador e receptor não será favorecida pela seleção natural – essa interação não ocorre nos ambientes naturais. Já a interação de altruísmo entre doador e receptor favorece o receptor e exige o desenvolvimento de formas de comportamento que diminuam a adequação dos indivíduos que o realizam (Ricklefs, 2003).

Estudo de caso

Estudo da estabilidade de processos funcionais em um ecossistema

Neste estudo, microcosmos aquáticos foram escolhidos para testar a estabilidade dos processos funcionais do ecossistema, pelo fato de serem mais fáceis de se manusear e pela facilidade de se realizarem experimentos em ambientes aquáticos.

Os microcosmos em questão eram habitados por populações de bactérias e de protistas que, por originarem muitas gerações em curtos período de tempo, forneceram uma vantagem adicional.

Ao longo de doze semanas, por meio da mensuração do fluxo de dióxido de carbono em microlitros, por 18 horas, foi determinada a intensidade respiratória do ecossistema e também analisada a riqueza de espécies contidas nele.

Como resultado do experimento, foi constatada a existência de uma variação do fluxo de dióxido de carbono que diminuiu quando o número de espécies aumentou. Nesse sentido, podemos concluir que, enquanto a biodiversidade aumentava, a intensidade respiratória variava menos.

Síntese

Neste capítulo, vimos os diferentes sentidos que podem ser atribuídos ao termo *estabilidade*, demonstrando que, nos ecossistemas, a estabilidade pode ser analisada de acordo com a remanescência ou a constância, a resistência, a resiliência e a persistência, além de apontarmos que, no nível dos produtores primários, a diversidade específica se relaciona com a estabilidade.

Verificamos que diferentes fatores ambientais afetam o desenvolvimento dos organismos e que muitos deles desenvolveram mecanismos de defesa que minimizam a chance de um embate com o seu predador ou elevam as chances de sobrevivência a esse embate. Mostramos, ainda, que o tempo e a energia gastos no forrageio permitem que seja mensurado o custo do comportamento adotado, e que o benefício de tal comportamento deve ser mensurado por meio do ajustamento evolutivo.

Por fim, apontamos que os verdadeiros grupos sociais surgem com a atração de indivíduos sem parentesco unidos por um propósito comum que lhes permite gastar mais tempo com a alimentação e menos tempo observando os predadores.

Questões para revisão

1. Comente como é a estabilidade de um ecossistema com relação à sua remanescência (ou constância).

2. Explique o que é resiliência ou elasticidade de um ecossistema.

3. Analise as proposições a seguir e assinale a alternativa que representa corretamente o argumento que defende a existência de uma relação entre diversidade e estabilidade:
   a) Comunidades experimentais compostas por poucas espécies sempre são mantidas.
   b) A resistência à invasão por espécies alóctones diminui quando a diversidade aumenta.
   c) Se a biodiversidade aumenta, a riqueza específica de níveis tróficos mais elevados também aumenta.
   d) Modelos matemáticos simulam a inexistência de interações entre espécies que exibem grande estabilidade.
   e) As monoculturas nunca são atacadas por insetos nocivos, ervas daninhas ou doenças parasitárias.

4. Analise as proposições a seguir e assinale a alternativa que representa corretamente a taxa de alimentação de filhotes em um ninho para uma ave que captura três presas em uma viagem de forrageamento de 30 minutos:
   a) 90.
   b) 10.
   c) 0,1.
   d) 1.
   e) 33.

5. Marque a alternativa que explica corretamente o que é resistência de um ecossistema:
   a) Relaciona-se à habilidade que o ecossistema tem de resistir a perturbações e manter inalterada sua estrutura e funcionamento.
   b) Diz respeito à persistência temporal de uma comunidade.
   c) É a capacidade que o ecossistema tem de restaurar seu funcionamento e sua estrutura depois de sofrer uma perturbação.
   d) Refere-se à capacidade que o ecossistema tem de se manter inalterado diante das variações.
   e) Trata-se da persistência espacial de uma comunidade.

Questões para reflexão

1. De que forma os organismos respondem evolutivamente às mudanças na pressão de predação? Explique.

2. Comente como os organismos respondem evolutivamente às mudanças na disponibilidade de recursos.

Para saber mais

Indicamos a leitura do artigo a seguir por ele apresentar sinteticamente as controvérsias relacionadas aos conceitos de ecologia e à ideia de equilíbrio:

VIGLIO, J. E.; FERREIRA, L. da C. O conceito de ecossistema, a ideia de equilíbrio e o movimento ambientalista. **Caderno Eletrônico de Ciências Sociais**, Vitória, v. 1, n. 1, p. 1-17, jul./dez. 2013. Disponível em: <periodicos.ufes.br/cadecs/article/download/5965/4381>. Acesso em: 31 maio 2016.

6

Principais problemas ambientais e manejo dos recursos naturais

Conteúdos do capítulo:

- Desmatamento e perda da biodiversidade.
- Aquecimento global e camada de ozônio.
- Poluição do ar, do solo e da água.
- Sistemas de produção.
- Conservação da biodiversidade e da integridade ecológica dos ecossistemas.
- Restauração de ecossistemas degradados.

Após o estudo deste capítulo, você será capaz de:

1. apontar a relação entre o desmatamento e a perda da biodiversidade;
2. determinar as causas, as consequências e as medidas para evitar o aquecimento global, a redução da camada de ozônio, e a poluição do ar, do solo e da água;
3. reconhecer os sistemas de produção;
4. indicar as medidas que devem ser tomadas para a conservação da biodiversidade e da integridade ecológica dos ecossistemas;
5. compreender como ocorre a restauração de ecossistemas degradados.

Neste capítulo, abordaremos os principais problemas ambientais que comprometem a vida na Terra. Nosso objetivo é que você perceba quais são as causas desses problemas, conheça suas consequências e se posicione em relação às medidas que devem ser tomadas para evitar mais danos aos ecossistemas do planeta.

Para tanto, iniciaremos os estudos abordando a relação entre o desmatamento das matas e das florestas e a perda da biodiversidade. Depois, discutiremos sobre o aquecimento global, a redução da camada de ozônio e a poluição do ar, do solo e da água. Em seguida, passaremos a trabalhar com a compreensão e o reconhecimento dos sistemas de produção e também analisaremos as medidas que devemos adotar para conservar a biodiversidade e a integridade ecológica dos ecossistemas. Por fim, veremos como proceder para a restauração de ecossistemas degradados.

6.1 Desmatamento e perda da biodiversidade

As florestas ocupam aproximadamente dois terços dos continentes, e o desmatamento é a principal causa da destruição de hábitats. Nas regiões temperadas, a maior parte das florestas dos países desenvolvidos foi desmatada há muito tempo. Em regiões tropicais e extratropicais, elas estão sendo rapidamente destruídas, principalmente pela ação humana. A ação do desmatamento até agora já significou a perda de mais de 50% do ambiente das espécies nativas das regiões tropicais e a fragmentação dos hábitats restantes. Essa fragmentação, por diminuir a área dos hábitats, é o principal fator de alto risco que leva as espécies nativas à extinção, pois a perda do ambiente diminui o tamanho da população original e a divide em uma metapopulação de subpopulações semi-isoladas.

A fragmentação contínua pode acarretar a redução do tamanho das subpopulações, um maior distanciamento entre elas e o aumento de hábitats de borda. Dessa forma, é muito importante saber se uma determinada população que foi dividida em subpopulações, as quais ocupam diferentes fragmentos de espaço, está mais ameaçada do que outra população não dividida somente por esse motivo.

Para responder a esse questionamento, devemos observar a conectividade existente entre as subpopulações e a correlação entre a dinâmica delas. Assim, se a conectividade entre elas for alta, teremos uma maior persistência das metapopulações em comparação com as populações que não se fragmentaram. Isso ocorre porque, no caso da extinção de subpopulações, há uma grande chance de elas se reiniciarem por meio de um colonizador vindo de outra subpopulação. Porém, se existir uma alta correlação entre os eventos de extinção nas subpopulações diferentes, as metapopulações vão correr maior risco do que as que não foram fragmentadas, uma vez que, por serem pequenas, as subpopulações isoladas tornam-se vulneráveis à extinção. Por isso, se uma subpopulação for extinta, poderá ocorrer a extinção das demais. Nesse sentido, não devemos nos esquecer das interações existentes nas comunidades, pois, se não considerarmos esse fato, a extinção de uma espécie nativa pode levar à extinção de outras espécies (Townsend; Begon; Harper, 2010).

6.2 Aquecimento global e camada de ozônio

Durante a Revolução Industrial, os seres humanos deixaram de utilizar combustíveis sustentáveis e passaram a usar combustíveis fósseis, como carvão e petróleo, nas suas atividades. Como consequência dessa mudança, bem como em virtude do desmatamento, nos últimos 200 anos foi constatado um aumento na liberação de dióxido de carbono (CO_2) na atmosfera, que passou de 280 ppm (antes da Revolução Industrial) para mais de 370 ppm (atualmente) (Begon; Townsend; Harper, 2007).

Conforme vimos no Capítulo 3, o comportamento da atmosfera é semelhante ao de uma estufa, pois parte da radiação solar que incide no planeta é refletida para o espaço, outra parte é absorvida e, há ainda, uma terceira parte que, ao chegar à superfície do planeta, é transmitida e aquece a superfície da Terra. Uma parcela da radiação absorvida é irradiada para a atmosfera, onde acaba sendo absorvida pelos gases atmosféricos, principalmente pelo dióxido de carbono e pelo vapor de água, os quais, ao reterem a energia, acabam aquecendo a atmosfera, resultando no fenômeno chamado *efeito estufa*.

A mensuração da temperatura atual do ar do planeta tem indicado um aumento em torno de 0,2 °C a 0,6 °C quando comparada à temperatura de antes da Revolução Industrial, e tudo leva a crer que ela continuará subindo entre 2,0 °C a 5,5 °C até o ano de 2100. As consequências desse aumento, embora ocorram em intensidades diferentes ao redor do globo, serão: derretimento das calotas polares e das geleiras, acarretando o aumento do nível do mar; mudanças nos padrões climáticos globais (precipitação atmosférica, ventos, correntes oceânicas etc.), levando à mudança no padrão de distribuição espacial de algumas espécies; extinção de outras espécies que não consigam se adaptar a essa nova realidade (Townsend; Begon; Harper, 2010).

Quando abordamos o clima do planeta no Capítulo 3, vimos que o gás ozônio está mais concentrado na estratosfera, onde absorve aproximadamente 99% da radiação ultravioleta solar utilizada na transformação do gás oxigênio em ozônio. Além disso, estudamos que as condições climáticas do inverno da Antártida fazem com que durante a primavera exista uma concentração mínima de ozônio sobre essa região. Tal concentração vem diminuindo devido à utilização de clorofluorcarbonetos e do brometo de metila liberado no momento da queima de biomassa vegetal.

Os clorofluorcarbonetos, ao serem decompostos na estratosfera pela radiação ultravioleta, liberam cloro, que, ao reagir com o ozônio, causa sua destruição na escala de um átomo de cloro para 100.000 moléculas de ozônio. O brometo de metila, embora numa escala menor do que a dos clorofluorcarbonetos, reage e destrói o ozônio. Uma terceira fonte que resulta na redução da camada de ozônio é a atividade vulcânica do planeta, que, ao liberar aerossóis sulfatados, deixam o ozônio mais vulnerável à ação do cloro, naturalmente liberado na atmosfera ou liberado por meio da utilização dos clorofluorcarbonetos (Dajoz, 2008).

Podemos concluir que a redução dos efeitos da atividade humana sobre a temperatura do planeta e a camada de ozônio podem ser reduzidos se encontrarmos novas fontes de energia sustentável que substituam os combustíveis fósseis. Entretanto, isso só será possível se diminuirmos os desmatamentos e se as emissões de clorofluorcarbonetos forem eliminadas.

6.3 Poluição do ar

A emissão de poluentes no ar em decorrência das atividades industriais tem afetado cada vez mais os ciclos biogeoquímicos do nitrogênio e do enxofre. Ao contrário dos nitratos e dos sulfatos, os óxidos gasosos de nitrogênio e de enxofre apresentam grau de toxicidade variável. Esses óxidos gasosos ocorrem em baixa concentração na maioria dos ambientes e representam etapas temporárias dos seus ciclos biogeoquímicos. Em decorrência da queima de combustíveis fósseis, a concentração desses óxidos tem aumentado, principalmente nos centros urbanos e no entorno de usinas termelétricas, o que prejudica os componentes bióticos dos ecossistemas; e o envenenamento de plantas e animais acaba afetando os seres humanos (Odum, 1988).

As principais fontes de produção de dióxido de enxofre (SO_2) e sulfato (SO_4) são os escapamentos dos veículos automotores e a queima de carvão. Tais fontes, combinadas com a combustão industrial, constituem as principais formas venenosas de nitrogênio. Os efeitos prejudiciais do dióxido de enxofre sobre as plantas são bem conhecidos, mas, além disso, quando os dióxidos de nitrogênio e de enxofre reagem com o vapor de água, formam gotas diluídas de ácido sulfúrico e ácido nítrico (H_2SO_4 e H_2NO_3), que se precipitam sob a forma de chuva ácida. Os maiores efeitos dessa chuva são sentidos em maior intensidade nos lagos, nos córregos e no solo, nos quais a manutenção da vida fica comprometida devido à acidez ocasionada.

Em princípio, a construção de chaminés mais altas nas usinas termelétricas, por exemplo, poderia ser uma solução para esse problema. Contudo, a longo prazo, essa solução se torna inadequada, porque, ao permanecerem mais tempo nas nuvens, esses óxidos acabam produzindo mais ácidos, o que tende a agravar o problema. Uma solução plausível seria a eliminação da emissão desses gases por meio da gaseificação e da liquefação do carvão (Odum; Barrett, 2007).

O óxido de nitrogênio causa danos aos animais superiores e aos seres humanos, irritando as membranas respiratórias desses animais e produzindo um sinergismo quando reagem com outros poluentes. Isso é observado quando o óxido de nitrogênio (NO_2), na presença da radiação ultravioleta, reage com hidrocarbonetos não queimados pelos veículos automotores, produzindo o *smog* fotoquímico, cujos efeitos incluem o lacrimejamento dos olhos e a ocorrência de lesões pulmonares (Odum, 1988).

6.4 Poluição do solo

A poluição do solo se deve tanto à entrada de substâncias químicas nesse ambiente, como hidrocarbonetos, petróleo, pesticidas e solventes, quanto às modificações causadas pelas ações humanas. A utilização em larga escala de fertilizantes nas atividades agrícolas contamina o solo com impurezas, nutrientes e metais pesados, os quais, com as precipitações atmosféricas, entram no solo ou podem ser lixiviados até corpos de água próximos. Outros produtos utilizados nas atividades agrícolas e que podem causar poluição no solo são os agrotóxicos (herbicidas, fungicidas, inseticidas e pesticidas), que, ao se acumularem no solo, diminuem a fertilidade deste, e, ao serem absorvidos pelas raízes das plantas, acabam por contaminá-las. Por serem bioacumulados pelos organismos dos níveis superiores da cadeia alimentar, esses agrotóxicos acabam causando danos à fauna e à saúde dos seres humanos.

O descarte inadequado dos resíduos sólidos, composto por lixo industrial, doméstico, hospitalar, rural e radioativo, pode causar danos severos ao ambiente devido à composição variável de tais resíduos. Quando degradados, os resíduos orgânicos formam o líquido chamado *chorume*, que é tóxico e, se descartado em lixões a céu aberto, adentra no solo contaminando o lençol freático. A retirada da cobertura vegetal pelo desmatamento acaba deixando o solo exposto à ação dos ventos e, devido à falta de cobertura vegetal e ao ressecamento do solo, a absorção de água pelas raízes fica comprometida. Esses fatores contribuem para os processos de erosão do solo.

    A chuva ácida, o lançamento de esgoto, as queimadas e a atividade de mineração, entre outras ações, também contribuem para a redução da fertilidade do solo e para a desertificação, causando desequilíbrios ecológicos. Algumas medidas que podem mitigar a poluição do solo são: a utilização correta ou não utilização de fertilizantes e agrotóxicos; a redução de queimadas e desmatamentos; o reflorestamento; e o descarte correto dos resíduos sólidos.

6.5 Poluição da água

Os ecossistemas de água doce estão sujeitos a vários impactos que resultam da atividade humana e do uso múltiplo das bacias hidrográficas (Tundisi; Tundisi, 2008). Segundo Dajoz (2008), são três as principais causas de poluição nesses ecossistemas:

1. A **poluição térmica** dos ecossistemas de água doce, decorrente, principalmente, do lançamento de água quente pelas usinas termonucleares, o que pode causar o aumento da temperatura da água, que, por sua vez, prejudicará a sobrevivência dos organismos aquáticos ou estimulará a propagação dos organismos que precisam de uma temperatura mais alta para o desenvolvimento.

2. A **poluição orgânica**, que se refere ao lançamento de poluentes orgânicos em pouca quantidade ou em quantidade elevada. No primeiro caso, a autodepuração do corpo de água irá tornar o ambiente, a certa distância do lançamento, pouco ou não poluído. No segundo caso, a autodepuração irá ocorrer de forma ineficiente e o ambiente permanecerá poluído ou terá um aumento na poluição. Entende-se por *autodepuração* a eliminação de microrganismos, principalmente patogênicos, e a oxidação de matéria orgânica, que deve reduzir gradativamente à medida que a fermentação aeróbica transforma esses materiais em dióxido de carbono e sais minerais. Devido ao fato de a oxidação consumir muito oxigênio, a poluição orgânica pode ser mensurada por meio da determinação da demanda bioquímica de oxigênio (DBO), que indica a quantidade de oxigênio utilizada na oxidação da matéria orgânica em um determinado volume de água, deixado no escuro, a uma temperatura de 20 °C, por 5 dias. Nos córregos, esse tipo de poluição pode ser diagnosticado pelo estudo da comunidade, uma vez que a ocorrência dos indivíduos é determinada principalmente pelo teor de oxigênio e de matéria orgânica. Nesse sentido, os organismos sapróbios, que toleram ambientes ricos em matéria orgânica, são característicos de áreas poluídas por esse tipo de matéria. Outro método que pode ser utilizado para medir a poluição orgânica é o dos índices bióticos, que toma como base a tolerância dos invertebrados ao oxigênio dissolvido ou à matéria orgânica.
3. A **poluição em decorrência do transporte de nitratos e outros compostos utilizados nas atividades agrícolas**, que levam à eutrofização, a qual resulta do lançamento de água rica em nitrato e fosfato em um rio, lago ou represa, o que, no início, favorece o crescimento do fitoplâncton e da produtividade.

Contudo, em seguida, ocorre o acúmulo de matéria orgânica no fundo lodoso do corpo de água, em virtude da morte dos organismos decompostos de forma anaeróbica devido à falta de oxigênio. Com o aumento da decomposição, a concentração de oxigênio dissolvido cai abaixo do nível letal e o hidrogênio sulfurado é formado, acarretando o desaparecimento de peixes. Em decorrência desse evento, as algas superficiais rapidamente proliferam e a água se torna gradativamente mais turva e poluída. O lodo pútrido vai se acumulando e até as espécies de peixes mais tolerantes tornam-se incapazes de reproduzir. Finalmente, ocorre o desenvolvimento de cianobactérias, as quais, devido à produção de substâncias tóxicas, provocam o desaparecimento de uma porção considerável da fauna aquática.

6.6 Sistemas de produção

Os ecossistemas agrícolas diferem dos naturais ou seminaturais em relação à energia utilizada, à diversidade e à seleção dos organismos. No que diz respeito ao primeiro item, eles utilizam uma forma de energia auxiliar que aumenta ou subsidia a energia solar. Essa energia auxiliar é controlada por seres humanos e é produto de um trabalho que pode ser executado pelo próprio homem ou por animais, bem como por meio do uso de fertilizantes, agrotóxicos, irrigação e maquinaria movida a combustível fóssil, por exemplo.

Com relação à diversidade, os ecossistemas agrícolas têm o objetivo de maximizar a produção de algum produto de origem animal ou vegetal, apresentando uma pequena diversidade de animais e plantas. Uma vez que tais sistemas apresentam baixa diversidade, a seleção dos animais e das plantas não é realizada por meio da seleção natural; é feita de forma artificial, pelos seres humanos. Por essa razão, podemos dizer que os ecossistemas agrícolas devem ser projetados e gerenciados de forma a converter o máximo possível de energia solar e subsidiada em produtos que servirão de alimento ou serão vendidos. Então, nesse processo, a utilização da energia auxiliar para realizar a manutenção – que nos ecossistemas naturais seria feita pela energia solar – permite a conversão em alimento de uma maior quantidade de energia solar. Além disso, a seleção artificial ou genética das plantas e dos animais possibilita que a colheita e a criação sejam otimizadas. Porém, como os ecossistemas agrícolas utilizarão de forma intensiva e especializada a terra, essa atividade também gerará problemas, como erosão, escoamento de agrotóxicos e fertilizantes que causam poluição, diminuição da biodiversidade e maior vulnerabilidade à ação de pragas, além de elevado custo com combustíveis e com problemas decorrentes de mudanças climáticas (Odum; Barrett, 2007).

Recentemente, as práticas agrícolas convencionais, que enfatizam a safra de produtos tendo como base o aumento de subsídio, foram substituídas por práticas agrícolas alternativas, nas quais é enfatizada a pouca entrada de energia auxiliar, como fertilizantes, pesticidas, maquinários agrícolas e animais, a agricultura sustentável, a diminuição da erosão e uma maior biodiversidade (Odum, 1988).

Segundo Odum e Barrett (2007, p. 596), existem três tipos de ecossistemas agrícolas:

1. Agricultura pré-industrial: autossuficiente e de trabalho intensivo (trabalho humano e animal fornece o subsídio de energia); proporciona alimento para o fazendeiro e sua família, e para

a venda ou troca em mercados locais, mas não produz excedente para exportação.

2. Agricultura intensiva mecanizada, subsidiada com combustível, chamada de agricultura convencional ou industrial (máquinas ou produtos químicos fornecem o subsídio de energia), produz alimento que excede as necessidades locais para exploração e venda, transformando alimento em mercadorias e em uma importante força de mercado na economia, em vez de somente fornecer bens e serviços básicos para a vida.

3. Agricultura sustentável de baixa entrada (ASBE), frequentemente chamada de agricultura alternativa, dá ênfase a safras de produto de sustento e lucro ao mesmo tempo em que reduz a entrada de subsídios de combustível fóssil, pesticidas e fertilizantes.

Das terras cultiváveis do planeta, aproximadamente 60% são classificadas como pertencentes à agricultura pré-industrial, sendo que uma boa quantidade delas está localizada na Ásia, na África e na América do Sul. Muitos tipos foram ajustados para as condições de solo, água e clima, dos quais predominam os seguintes: sistemas pastorais, agricultura itinerante (ou de queimada) e agricultura irrigada por inundação (Odum, 1988).

Nos **sistemas pastorais**, gado e outros animais são criados em regiões áridas e semiáridas, e os seres humanos obtêm seu sustento da venda de leite, carne e couro. Na **agricultura itinerante**, comum nas áreas de floresta tropical, depois de a floresta ser desmatada e queimada, a região é cultivada até os nutrientes do solo serem esgotados e lixiviados. Em seguida, o local é abandonado até que a floresta volte a crescer. Já a irrigação na **agricultura irrigada por inundação** pode ser feita de forma natural, por meio das cheias sazonais dos rios ou da água existente no delta dos rios. Essa forma de agricultura é considerada a mais produtiva (Odum; Barrett, 2007).

Mesmo que os sistemas pré-industriais sejam bem adaptados, permanentes e utilizem energia de forma eficiente, não apresentam o superávit necessário para alimentar as grandes cidades. Isso só será possível se a área de entrada for grande o suficiente, se os mecanismos de transporte, preservação e armazenamento da produção tornarem-se eficientes e se forem alocadas muitas horas de trabalho. Assim, embora a agricultura não industrializada conserve energia de forma eficiente, ela tem uma produtividade menor quando comparada com a agricultura intensiva e mecanizada (Odum, 1988).

Há pouco tempo, a agricultura mecanizada era capitalizada pela disponibilidade de combustível, bem como por fertilizantes, agrotóxicos, processamento dos alimentos, *marketing* e tecnologia avançada nas fazendas e na genética. Atualmente, entretanto, a agricultura mudou das pequenas fazendas com muitos trabalhadores rurais para fazendas com áreas maiores, mas com menos trabalhadores rurais, produzindo mais alimento em menor quantidade de terra. As safras produzidas por uma grande parcela dos ecossistemas agrícolas subsidiados por combustível reduziu o conflito entre o crescimento da população humana e a produção de alimentos. Porém, como existe a tendência de o custo dos subsídios aumentar, esse conflito tende a aumentar também e, com isso, os países com produção excedente terão de exportar suas sobras para os que não conseguem produzir alimentos suficiente para sua população (Odum; Barrett, 2007).

Ao mesmo tempo que o número de trabalhadores rurais tem diminuído, o número de animais criados tem aumentado e a quantidade de produção de produtos animais vem se equiparando ao número de colheitas. Com isso, o gado criado em pasto tem sido substituído pelo gado criado com grãos. O mesmo pode ser visto em outras criações, como a de galinhas, criadas em gaiolas de arame sob luz artificial e sustentadas com alimento para crescimento e drogas (Odum, 1988).

Quando pensamos na questão do conflito entre o crescimento da população humana e a produção de alimentos, não podemos deixar de lado o fato de que existem mais animais domésticos (bovinos, equinos, caprinos, suínos, ovinos) do que seres humanos no planeta, e que eles consomem cerca de cinco vezes mais calorias do que os humanos (Odum; Barrett, 2007). Segundo esses autores, embora a agricultura industrial tenha aumentado a produção de alimentos e fibras, ela tem feito muitos produtores rurais abandonarem suas terras e migrarem para os centros urbanos, onde se tornam consumidores. Além disso, a agricultura industrial também contribui para o aumento da poluição difusa e a perda do solo. Uma tendência atual para evitar esses problemas é o incentivo da utilização da agricultura sustentável de baixa entrada.

6.7 Conservação da biodiversidade

A conservação da população de uma espécie pode ser garantida pela existência de hábitats com áreas adequadas para comportar essa população, sem que exista competição entre espécies alóctones, predadores e doenças. Assim, nos projetos de constituição das reservas naturais, devem ser levadas em consideração as necessidades ecológicas das espécies envolvidas e a área necessária para que uma população mínima viável seja mantida, a qual deve ser suficientemente grande para conseguir manter a espécie livre de riscos de sofrer extinção estocástica decorrente de eventos aleatórios. A distribuição da população deve ser suficientemente extensa a ponto de evitar que eventos como furacões e queimadas atinjam a espécie como um todo. Além disso, subdivisões da população podem evitar que doenças se alastrem de uma parte para outra. Torna-se mais complexo assegurar um ambiente favorável se a população necessita de hábitats diferentes ao longo das estações do ano ou se ela realiza migrações sazonais a longas distâncias, como ocorre com as aves e alguns mamíferos.

Nos casos em que a redução do hábitat adequado é a causa do risco de extinção da espécie, ele deverá ser preservado. Porém, essa estratégia pode ter um custo elevado ou ser politicamente inviável. Outra situação que deve ser considerada é a inviabilidade de se desenvolverem estratégias de conservação para todas as espécies. Nesse caso, devemos pensar que o melhor para a maioria das espécies vai depender das estratégias de conservação traçadas para as espécies mais notáveis ou com maior risco de extinção. À medida que a conservação dos hábitats vira o centro das estratégias de conservação, torna-se cada vez mais importante o reconhecimento daqueles que são mais críticos para a conservação da biodiversidade e a delimitação da área necessária para a manutenção da população mínima viável da maior parte das espécies. Finalmente, podemos concluir que as áreas mais críticas para conservação são aquelas com alta biodiversidade e endemismo (Ricklefs, 2003).

6.8 Conservação da integridade ecológica dos ecossistemas aquáticos

A integridade ecológica de um ecossistema aquático pode ser entendida como a capacidade que ele tem de suportar e manter os processos ecológicos fundamentais para a comunidade de organismos em termos de espécies, diversidade e organização funcional com outros hábitats próximos (Schofield; Davies, 1996).

A sua avaliação pode ser feita por meio do reconhecimento e do monitoramento de perturbações decorrentes das atividades humanas que, ao modificarem as condições físicas, químicas e a dinâmica das comunidades, podem piorar a qualidade da água e causar a perda da biodiversidade (Goulart; Callisto, 2003). Contudo, a conservação ou a restauração do ecossistema aquático devem ser o escopo da avaliação da integridade ecológica, tendo em vista o conhecimento e a avaliação das condições físicas, químicas e da dinâmica do ecossistema (Karr; Chu, 1999). No que se refere à conservação da integridade ecológica do ecossistema aquático, maior ênfase deve ser dada à composição de espécies.

O primeiro passo para a realização da avaliação de risco da integridade ecológica é o monitoramento biológico do ecossistema. Pensando nos ecossistemas aquáticos – e em como eles estão sujeitos a diferentes impactos ambientais –, é necessário desenvolver um enfoque integrado para a realização do controle dos riscos ecológicos, o que pode ser feito por meio da avaliação da qualidade da estrutura dos hábitats e do monitoramento da qualidade física, química e biológica da água (Karr; Chu, 1999; Goulart; Callisto, 2003).

Podemos realizar esse monitoramento por meio da utilização de protocolos de avaliação, índices ecológicos e multimétricos que empregam bioindicadores para determinar a qualidade da água e do hábitat. Um dos principais métodos utilizados nesse monitoramento é o levantamento e a estimativa das alterações na riqueza de espécies e da diversidade, na abundância de espécies residentes, na perda de espécies sensíveis, na mensuração da produção primária e secundária e nos ensaios ecotoxicológicos (Barbour et al., 1996).

As estratégias mais empregadas na avaliação da integridade ecológica de ecossistemas aquáticos são os índices multimétricos, os quais se baseiam na obtenção de informações da comunidade que permitem classificar o nível de degradação e de desvio para os estados naturais de referência. O seu desenvolvimento está centrado na comparação entre uma área que conserva as condições ambientais mais próximas do estado original, chamada *local de referência*, com a área que sofreu a perturbação, chamada *área teste* (Oliveira; Castro; Baptista, 2008).

6.9 Restauração de ecossistemas degradados

Podemos entender a restauração de um ecossistema degradado como o seu retorno à condição mais próxima do que vem a ser o seu estado natural. O ideal é que tanto a estrutura como o funcionamento do ecossistema natural sejam restaurados. Porém, essa situação nunca é alcançada. Além de difícil e custosa, em alguns casos, a restauração do ecossistema é impossível. Nos processos de restauração, a introdução e a manutenção de espécies de animais se tornam difíceis devido à redução da área restaurada e ao isolamento das fontes de colonização. Geralmente, a restauração tende a originar ecossistemas mais pobres do que os primitivos, e de nada adianta termos áreas restauradas e protegidas se elas ficarem isoladas entre culturas artificiais, fábricas e grandes cidades. O crescimento demográfico da população humana conduz ao elevado consumo dos recursos naturais, à destruição dos ecossistemas e à extinção das espécies – ou seja, o ser humano é responsável direto pela diminuição da biodiversidade. Nesse sentido, o crescimento demográfico e os sistemas econômicos que não consideram o ambiente são incompatíveis com a preservação da biodiversidade (Dajoz, 2008).

Estudo de caso

Estudo da restauração de uma lagoa costeira – Lagoa Rodrigo de Freitas, no Rio de Janeiro

Neste estudo, analisaremos a restauração da Lagoa Freitas, na cidade do Rio de Janeiro. A restauração desse ecossistema teve início no ano de 2010, com uma parceria firmada entre o governo do Estado do Rio de Janeiro, a prefeitura da cidade do Rio de Janeiro, organizações não governamentais (ONGs) e a iniciativa privada. Como resultado, as seguintes medidas foram tomadas: retirada de toneladas de lixo sólido do interior e das margens da lagoa; redução das fontes que despejavam esgoto no local; desassoreamento e manutenção do canal que liga a lagoa ao mar; retirada do excesso de material orgânico que estava acumulado em alguns locais da lagoa. A restauração, com base nessas ações,

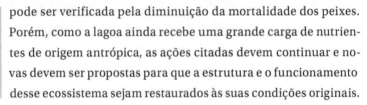

pode ser verificada pela diminuição da mortalidade dos peixes. Porém, como a lagoa ainda recebe uma grande carga de nutrientes de origem antrópica, as ações citadas devem continuar e novas devem ser propostas para que a estrutura e o funcionamento desse ecossistema sejam restaurados às suas condições originais.

Fonte: Elaborado com base em Esteves, 2011.

Síntese

Neste capítulo, enfatizamos que o desmatamento é a principal causa da destruição de hábitats, apesar de não ser a única atividade humana que contribui para isso. Vimos que ações como essa geram a ocorrência de problemas ambientais como o efeito estufa e a redução da camada de ozônio. Além disso, analisamos a relação existente entre os problemas ambientais citados e o aumento da temperatura global, o derretimento das geleiras e o aumento do nível dos mares, entre outros problemas que assolam o planeta. Na leitura, apontamos que uma solução para esses problemas seria a eliminação da emissão de gases tóxicos por meio da gasificação e da liquefação do carvão.

Observamos, ainda, que a poluição do solo se deve tanto à presença de substâncias químicas estranhas quanto pelas alterações decorrentes da atividade humana, indicando que essa poluição pode ser reduzida por meio da correta utilização de agrotóxicos e fertilizantes, pela redução das queimadas e dos desmatamentos e pelo incentivo ao reflorestamento e ao descarte correto dos resíduos sólidos.

Verificamos também que a poluição dos ecossistemas de água doce se deve à poluição térmica, à poluição orgânica e ao transporte de nitratos e de outros compostos utilizados nas atividades agrícolas e que a conservação de uma população pode ser garantida por meio da existência de hábitats com áreas adequadas para comportar essa população, sem que exista competição entre espécies alóctones, predadores e doenças.

Indicamos ainda o que é a integridade ecológica de um ecossistema aquático, enfatizando que ela pode ser avaliada por meio do reconhecimento e do monitoramento de perturbações decorrentes das atividades humanas. Mostramos, por fim, que a restauração de um ecossistema degradado, além de difícil e dispendiosa, em alguns casos é impossível.

Questões para revisão

1. Comente quais são as consequências do aquecimento global.

2. Como podemos reduzir os efeitos da atividade humana sobre a temperatura do planeta e a camada de ozônio?

3. Analise as proposições a seguir e assinale aquela que representa corretamente como é formada a chuva ácida:
   a) Por meio da reação de óxidos de nitrogênio e de enxofre com o vapor de água.
   b) Por meio da reação de ácido sulfúrico com o vapor de água.
   c) Por meio da reação de ácido nítrico com o vapor de água.
   d) Por meio da reação de dióxido de carbono com o vapor de água.
   e) Por meio da reação de clorofluorcarbonetos com o vapor de água.

4. Assinale a alternativa correta com relação ao desmatamento e à perda da biodiversidade:
   a) O desmatamento é a causa secundária da destruição de hábitats.
   b) Nas regiões temperadas, a menor parte das florestas foi desmatada.
   c) Nas regiões tropicais e extratropicais ocorre um desmatamento lento.
   d) Uma das consequências do desmatamento é a fragmentação dos hábitats restantes.
   e) A fragmentação contínua do hábitat pode acarretar o aumento do tamanho dos fragmentos.

5. Assinale a alternativa que fornece corretamente uma resposta para a diferença entre *ecossistema agrícola* e *ecossistema natural*:
   a) Os ecossistemas naturais têm o objetivo de maximizar a produção de algum produto de origem animal ou vegetal.
   b) Os ecossistemas agrícolas utilizam uma forma de energia auxiliar que aumenta ou subsidia a energia solar.
   c) Os ecossistemas agrícolas normalmente apresentam muita diversidade de animais e plantas.
   d) Nos ecossistemas agrícolas, a seleção dos animais e das plantas é realizada pela seleção natural.
   e) Os ecossistemas naturais normalmente apresentam pouca diversidade de animais e de plantas.

Questões para reflexão

1. Explique por que a fragmentação do hábitat pode causar a extinção das espécies nativas.

2. Por que existe uma tendência de se incentivar a utilização da agricultura sustentável de baixa entrada? Comente.

Para saber mais

Indicamos o *site* a seguir àqueles que desejarem saber um pouco mais sobre os principais problemas ambientais presentes na atualidade e sobre o manejo dos recursos naturais:

WWF – BRASIL. Disponível em: <http://www.wwf.org.br>. Acesso em: 31 maio 2016.

Para concluir...

Concluímos esta obra reafirmando a importância de aumentarmos as discussões relacionadas aos temas abordados e de reconhecermos as diferentes metodologias que podem ser utilizadas para um desenvolvimento socioambiental sustentável.

Para isso, apresentamos, ao longo do livro, conceitos e fundamentos da ecologia de sistemas que têm contribuído para importantes avanços quanto à utilização, à conservação e à recuperação dos ecossistemas naturais ou sob o impacto das atividades humanas.

Como novas descobertas estão sendo realizadas e permitem avanços nos estudos dos ecossistemas, é importante que professores e alunos aprofundem seu conhecimento nessa área e façam uso das novas ferramentas ecológicas para terem sucesso em seus estudos.

Estamos certos de que os temas abordados nesta obra, que tratam da estrutura e do funcionamento dos ecossistemas, servirão como um ponto de partida para que você, leitor, faça uma reflexão mais aprofundada a respeito dos assuntos mais importantes que regem os ecossistemas, os quais permitirão aos verdadeiros ecologistas executar seus trabalhos em prol de um desenvolvimento socioambiental sustentável.

Glossário

Abiótico: componente não vivo de um ecossistema, como água, ar, luz.

Abissal: relativo a águas profundas.

Aeróbica: refere-se à vida na presença de gás oxigênio, na atmosfera ou dissolvido na água.

Alóctone: refere-se ao material orgânico gerado fora da comunidade ou do ecossistema.

Altruísmo: sacrifício da aptidão de um indivíduo em benefício de outro.

Amplitude de nicho: dimensão do nicho ocupado por uma população ou espécie.

Anaeróbica: refere-se à vida ou a processos que ocorrem na ausência de gás oxigênio.

Autóctone: refere-se ao material orgânico ou à fotossíntese produzidos dentro da comunidade ou do ecossistema.

Autotrófico: organismo que produz o próprio alimento.

Bacia hidrográfica: bacia de captação ou de drenagem de um rio.

Balanço energético: relação entre as taxas de consumo e o gasto de energia de um organismo ou de uma população.

Bentos: organismos que habitam o fundo de um corpo de água.

Biocenose: termo usado para designar uma comunidade.

Biodiversidade: diversidade de organismos que ocupam uma determinada área.

Bioma: grande sistema regional ou subcontinental caracterizado por um tipo de vegetação.

Biomassa: peso do material vivo, normalmente expresso em peso seco por unidade de área ou volume.

Biosfera: porção do ambiente terrestre onde são encontrados os seres vivos.

Biótico: componente vivo de um ecossistema.

Corredor ecológico: região em que duas ou mais comunidades ou ecossistemas com estruturas diferentes se encontram.

Caloria: quantidade de calor necessária para elevar em 1 °C a temperatura de 1 g de água – normalmente, de 14,5 °C para 15,5 °C.

Cianobactérias: bactérias que apresentam clorofila e realizam fotossíntese.

Cibernética: ciência que trabalha com sistemas de comunicação e controle desses sistemas.

Ciclo de nutrientes: caminho biogeoquímico por meio do qual um elemento ou nutriente se movimenta pelo ecossistema.

Clímax: termo que representa o estágio final da sucessão ecológica.

Comunidade: refere-se a todas as populações que habitam uma determinada área ao mesmo tempo.

Corredor: conexão entre duas manchas de hábitat da paisagem.

Decomposição: degradação de materiais orgânicos complexos em materiais mais simples.

Decompositores: organismos que degradam a matéria orgânica morta para obter energia.

Demanda bioquímica de oxigênio (DBO): consumo de oxigênio dissolvido por microrganismos que decompõem a matéria orgânica existente em um efluente; indica a poluição causada pelo efluente.

Desnitrificação: processo de redução dos nitratos para o nitrogênio atmosférico realizado por microrganismos decompositores.

Detritívoros: organismos que se alimentam de matéria orgânica morta ou em decomposição.

Detrito: matéria orgânica de origem animal ou vegetal que está morta ou em decomposição.

Dispersão: refere-se ao padrão de distribuição dos indivíduos de uma população em uma área.

Ecologia: parte da ciência que estuda as interações e as relações entre os organismos e o ambiente.

Ecologia de sistemas: parte da ecologia que tem como foco a teoria geral dos sistemas e sua aplicação.

Ecossistema: termo que designa uma comunidade biótica e seu ambiente abiótico funcionando como um sistema.

Efeito estufa: diz respeito à absorção da radiação infravermelha, reirradiada da superfície da Terra, por gases atmosféricos, em especial o gás carbônico (CO_2).

Endêmica: termo utilizado para fazer referência a espécies restritas a um hábitat e que não ocorrem em outro local.

Energia cinética: energia associada ao movimento.

Energia potencial: energia que se encontra disponível para a realização de um trabalho.

Entropia: índice de desordem associado à degradação de energia; transformação da energia para um estado mais aleatório e desorganizado.

Epilímnio: refere-se à parte superior e mais quente de um lago, rica em oxigênio quando estratificada termicamente durante o verão.

Espécies de borda: espécies que habitam as margens ou áreas limítrofes de um local.

Eutrófico: corpo de água rico em nutrientes e que tem alta produtividade.

Eutrofização: processo de enriquecimento por nutrientes que ocorre em ecossistemas aquáticos e resulta no aumento da produção primária.

Fator limitante: relaciona-se ao recurso que limita a abundância, o crescimento e a distribuição de um organismo ou uma espécie.

Fitoplâncton: pequenas plantas flutuantes que existem nos ecossistemas aquáticos.

Floresta decídua: tipo de floresta cujas árvores perdem as folhas durante o inverno.

Fluxo de energia: refere-se à troca e à dissipação da energia pelos níveis tróficos da cadeia alimentar de um ecossistema.

Forrageamento: comportamento de busca e exploração de recursos alimentares que afeta diretamente a sobrevivência e a reprodução das espécies.

Fragmentação do hábitat: tipo de análise que determina como uma paisagem foi alterada pelos seres humanos, afetando o tamanho, a forma e a frequência dos elementos da paisagem.

Hábitat: região onde um organismo vive.

Herbívoro: organismo que se alimenta de material vegetal.

Heterotrófico: organismo que não produz o próprio alimento e consome outros organismos como fonte de energia.

Hipolímnio: diz respeito à parte inferior fria e pobre em oxigênio de um lago quando estratificada termicamente durante o verão.

Homeostase: tendência de um sistema de resistir à mudança e se manter em estado de equilíbrio estável.

Húmus: matéria orgânica derivada da degradação parcial de material vegetal ou animal.

Intemperismo: degradação física ou química de uma rocha e de seus componentes minerais na interface com o solo.

Lêntico: ecossistema de água parada, como um lago ou uma lagoa.

Lótico: ecossistema de água corrente, como um rio ou um córrego.

Macronutrientes: elementos necessários em grande quantidade aos organismos vivos.

Mancha de paisagem: área relativamente homogênea que difere da matriz do entorno.

Matriz da paisagem: grande área com ecossistema ou tipo de vegetação similar na qual as manchas de paisagem estão inseridas.

Metapopulação: refere-se ao grupo de populações de uma região vivendo em locais separados, mas com troca ativa de indivíduos entre si.

Micorriza: associação mutualista entre fungos e raízes de plantas.

Micronutrientes: elementos necessários em pequena

quantidade aos organismos vivos.

Modelo: formulação que imita um fenômeno do mundo real.

Mutualismo: interação entre duas espécies, com benefício para o crescimento e a sobrevivência de ambas.

Nécton: refere-se aos organismos livres-natantes.

Nível trófico: posição determinada pelo número de etapas da transferência de energia em uma cadeia alimentar.

Oligotrófico: refere-se ao corpo de água que contém baixo teor de nutrientes e pouca produtividade.

Paisagem: área heterogênea composta por um grupo de ecossistemas em interação que se repetem de modo similar por toda a área.

Permafrost: solo permanentemente congelado.

População: grupo de indivíduos da mesma espécie que vive em um mesmo hábitat em um dado momento.

Potencial hidrogeniônico (pH): quantidade de cátions de hidrogênio presentes em um ambiente; indica se esse ambiente é ácido, neutro ou básico.

Produtor: refere-se ao organismo autotrófico.

Propriedade emergente: diz respeito às propriedades em vários níveis de organização que não podem ser derivadas de sistemas em níveis inferiores estudados isoladamente.

Recuperação: capacidade de um ecossistema voltar ao seu estado original depois de sofrer uma perturbação.

Sistema: conjunto de componentes interdependentes funcionando dentro de um limite definido.

***Smog* fotoquímico**: reação dos hidrocarbonetos com o óxido de nitrogênio na presença de radiação ultravioleta da luz solar que produz moléculas orgânicas complexas e resulta em um nevoeiro atmosférico com fumaça.

Subsídio de energia: subsídio externo ao sistema que aumenta o crescimento ou a taxa de reprodução dentro do sistema.

Sucessão: substituição de uma comunidade ou estágio real por outro.

Teia alimentar: resumo ou modelo de relações alimentares dentro de uma comunidade ecológica.

Zona bentônica: região mais profunda ou o fundo de um ecossistema aquático.

Zona limnética: região de água aberta de um lago além da zona litoral.

Zona litoral: região que contém plantas enraizadas, flutuantes e emergentes ao longo das margens de regiões litorâneas.

Zooplâncton: animais flutuantes ou com baixo poder de natação pertencentes a ecossistemas aquáticos.

Referências

BARBOUR, M. T. et al. A Framework for Biological Criteria for Florida Streams Using Benthic Macroinvertebrates. **Journal of the North American Benthological Society**, Michigan, v. 15, n. 2, p. 185-211, 1996.

BEGON, M.; TOWNSEND, C. R.; HARPER, J. L. **Ecologia**: de indivíduos a ecossistemas. Porto Alegre: Artmed, 2007.

BERTALANFFY, L. von. An Outline of General System Theory. **British Journal for the Philosophy of Science,** Oxford Journals, Oxford, v. 1, n. 2, p. 134-165, Aug. 1950.

____. **Teoria geral dos sistemas**. Petrópolis: Vozes, 2015.

BERTRAND, G. Paisagem e geografia física global. Esboço metodológico. **Raega: O Espaço Geográfico em Análise**, Curitiba, v. 8, p. 141-152, 2004.

BRAUN, S.; FLÜCKIGER, W. Increased Populatîon of the Aphid Aphis pomi at a Motorway. Part. 2: The Effect of Drought and Deicing Salt. **Environmental Pollution Series A: Ecological and Biological**, v. 36, n. 3, p. 261-270, 1984.

____. Increased Population of the Aphid Aphis pomi at a Motorway. Part. 3: The Effect of Exhaust Gases. **Environmental Pollution Series A: Ecological and Biological**, v. 39, n. 2, p. 183-192, 1985.

BREWER, S. R.; BENNINGER-TRUAX, M.; BARRETT, G. W. Mechanisms of Ecosystem Recovery Following Eleven Years of Nutrient Enrichment in an Old-field Community. In: ROSS, S. M. (Ed.). **Toxic Metals in Soil-Plant Systems**. New York: John Wiley, 1994. p. 275-301.

CARSON, W. P.; BARRETT, G. W. Succession in Old-field Plant Communities: Effects of Contrasting Types of Nutrient Enrichment. **Ecology**, v. 69, n. 4, p. 984-994, Aug. 1988.

CHRISTOFOLETTI, A. **Geomorfologia**. São Paulo: Edgard Blucher, 1980.

CLEMENTS, F. E. Nature and Structure of the Climax. **Journal of Ecology**, London, v. 24, n. 1, p. 252-284, Feb. 1936.

_____. **Plant Succession**: an Analysis of the Development of Vegetation. Washington: Carnegie Institution of Washington Publication, 1916.

COWLES, H. C. The Ecological Relations of the Vegetation on the Sand Dunes of Lake Michigan. Part 1: Geographical Relations of the Dune Floras. **Botanical Gazette**, Chicago, v. 27, n. 2, p. 95-117, Feb. 1899.

DAJOZ, R. **Princípios de ecologia**. Porto Alegre: Artmed, 2008.

ESTEVES, F. de A. (Coord.). **Fundamentos de limnologia**. 3. ed. Rio de Janeiro: Interciência, 2011.

EVANS, F. C. Ecosystem as the Basic Unit in Ecology. **Science**, v. 123, n. 3208, p. 1127-1128, 22th June 1956.

FARR, W. Causes of Mortality in Town Districts. In: **Fifth Annual Report of the Registrar-General of Births, Deaths and Marriages in England**. London: HMSO, 1843. p. 406-435.

FORBES, S. A. The Lake as a Microcosm. **Bull. of the Scientific Association**, Peoria, Illinois, p. 77-87, 25th Feb. 1887.

FORCE, J. E.; MACHLIS, G. E. The Human Ecosystem. Part 2: Social Indicators in Ecosystem Management. **Society and Natural Resources**, v. 10, n. 4, p. 369-382, 1997.

FOREL, F. A. **Le Léman**: monographie limnologique. Lausanne: F. Rouge, 1892.

FORMAN, R. T. T. Evolutionary Changes in Small Populations. In: SOULÉ, M.; WILCOX, A. (Ed.). **Conservation Biology**: an Evolutionary-ecological Perspective. Massachusetts: Sinauer Associates, 1991. p. 139-149.

FORMAN, R. T. T.; GODRON, M. **Landscape ecology**. New York: John Wiley & Sons, 1986.

FRAGA, M. E. et al. Interação microrganismo, solo e flora como condutores da diversidade na Mata Atlântica. **Acta Botanica Brasilica**, v. 26, n. 4, p. 857-865, out./dez. 2012.

GAARDER, T.; GRAN, H. H. Investigations of the Production of Plankton in the Oslo Fjord. **Rapports et Procès-Verbaux des Réunions, Conseil Permanent International Pour l'Exploration de la Mer**, Copenhague, v. 42, p. 3-48, mars 1927.

GODEFROID, R. S.; HOFSTAETTER, M.; SPACH, H. L. Moon, Tidal and Diel Influences on Catch Composition of Fishes in the Surf Zone of the Beach at Pontal do Sul, Paraná. **Revista Brasileira de Zoologia**, Curitiba, v. 15, n. 3, p. 697-701, 1998. Disponível em: <http://www.scielo.br/pdf/rbzool/v15n3/v15n3a14.pdf>. Acesso em: 22 set. 2016.

GODEFROID, R. S.; PALMER, K. A. Estrutura e composição da ictiofauna do Rio Bacacheri, Curitiba, Paraná. In: ENCONTRO INTERCONTINENTAL SOBRE A NATUREZA, 1., 2015, Fortaleza. **Anais...** Disponível em: <http://www.ihab.org.br/o2015/trabalhos_completos/11.pdf>. Acesso em: 5 set. 2016.

GODRON, M.; FORMAN, R. T. T. Landscape Modification and Changing Ecological Characteristics. In: MOONEY, H. A.; GODRON, M. (Ed.). **Disturbance and Ecosystems**: Ecological Studies. Berlin: Springer, 1983. p. 13-28.

GOULART, M. D.; CALLISTO, M. Bioindicadores de qualidade de água como ferramenta em estudos de impacto ambiental. **Revista da Fapam**, Pará de Minas, v. 2, n. 1, p. 156-164, 2003.

HAECKEL, E. Über Entwicklungsgang und Aufgabe der Zoologie. **Jenaische Zeitschrift für Medizin und Naturwissenschaft**, v. 5, p. 353-370, 1869.

HANSKI, I. Patch-occupancy Dynamics in Fragmented Landscapes. **Trends in Ecology & Evolution**, v. 9, n. 4, p. 131-135, Apr. 1994.

HANSKI, I. Single-species Metapopulation Dynamics: Concepts, Models and Observations. **Biological Journal of the Linnean Society**, Malden, v. 42, n. 1-2, p. 17-38, Jan. 1991.

HANSKI, I.; GILPIN, M. Metapopulation Dynamics: Brief History and Conceptual Domain. **Biological Journal of the Linnean Society**, Malden, v. 42, n. 1-2, p. 3-16, Jan. 1991.

HANSSON, L. Dispersal and Connectivity in Metapopulations. **Biological Journal of the Linnean Society**, Malden, v. 42, n. 1-2, p. 89-103, Jan. 1991.

HARRISON, R. L. Toward a Theory of Inter-refuge Corridor Design. **Conservation Biology**, Washington, DC, v. 6, n. 2, p. 293-295, June 1992.

HOLLING, C. S. Resilience and Stability of Ecological Systems. **Annual Review of Ecology and Systematics**, v. 4, p. 1-23, Nov. 1973.

HOUAISS, A.; VILLAR, M. de S. **Grande dicionário Houaiss da língua portuguesa**. Rio de Janeiro: Instituto Antônio Houaiss; 2012. Disponível em: <http://houaiss.uol.com.br/>. Acesso em: 23 set. 2016.

HURD, L. E.; WOLF, L. L. Stability in Relation to Nutrient Enrichment in Arthropod Consumers of Old-field Successional Ecosystems. **Ecological Monographs**, Washington, DC, v. 44, n. 4, p. 465-482, Feb. 1974.

HUSTON, M. A General Hypothesis of Species Diversity. **The American Naturalist**, Chicago, v. 113, n. 1, p. 81-101, Jan. 1979.

HUTCHINSON, G. E. Concluding Remarks. **Cold Spring Harbor Symposia on Quantitative Biology**, v. 22, n. 2, p. 415-427, 1957.

JOLY, P.; GROLET, O. Colonization Dynamics of New Ponds, and the Age Structure of Colonizing Alpine Newts, Triturus Alpestris. **Acta Oecologica**, International Journal of Ecology, v. 17, p. 599-608, 1996.

KARR, J. R.; CHU, E. W. **Restoring Life in Running Waters**: Better Biological Monitoring. Washington: Island Press, 1999.

KÖHLER, W. **Die Physischen Gestalten in Ruhe und im stationären Zustand**. Erlangen: Weltkreis, 1924.

_____. Zum Problem der Regulation. **Development Genes and Evolution**, v. 112, n. 1, p. 315-332, Nov. 1927.

KORMONDY, E. J. **Concepts of Ecology**. New Jersey: Prentice-Hall, 1976. (Biological Series).

KREBS, C. J. **Ecology**: the Experimental Analysis of Distribution and Abundance. New York: Harper & Row, 1972.

LOPES, L. G. N.; SILVA, A. G.; GOURLART, A. C. O. A teoria geral do sistema e suas aplicações nas ciências naturais. **Natureza on line**, v. 13, n. 1, p. 1-5, 2015.

LOTKA, A. J. **Elements of Physical Biology**. New York: Dover Publications, 1925.

LOVELOCK, J. E. **The Ages of Gaia**: a Biography of our Living Earth. New York: W. W. Norton, 1988.

LOVELOCK, J. E.; EPTON, S. R. The Quest for Gaia. **New Scientist**, v. 65, n. 935, p. 304-306, 6th Feb. 1975.

LOVELOCK, J. E.; MARGULIS, L. Atmospheric Homeostasis by and for the Biosphere: The Gaia Hypothesis. **Tellus**, Stockholm, v. 26, n. 1-2, p. 1-10, 1974.

MACHLIS, G. E.; FORCE, J. E.; BURCH JR., W. R. The Human Ecosystem Part 1: The Human Ecosystem as an Organizing Concept in Ecosystem Management. **Society & Natural Resources**, v. 10, n. 4, p. 347-367, 1997.

MALTHUS, T. R. **An Essay on the Principle of Population**. New York: New American Library of World Literature, 1798.

MARGALEF, R. **Ecologia**. Barcelona: Omega, 2005.

_____. Temporal Succession and Spatial Heterogeneity in Phytoplankton. In: BUZZATI-TRAVERSO, A. (Ed.). **Perspectives in Marine Biology**. California: University of California Press, 1958. p. 323-347.

MARGULIS, L.; LOVELOCK, J. E. Biological Modulation of the Earth's Atmosphere. **Icarus**, v. 21, p. 471-489, 1974.

MARGULIS, L.; SAGAN, D. **Slanted Truths**: Essays on Gaia,

Symbiosis, and Evolution. New York: Copernicus, 1997.

MCNAUGHTON, S. J. Stability and Diversity of Ecological Communities. **Nature**, v. 274, p. 251-253, 20th July 1978.

MEUNIER, F. D.; VERHEYDEN, C.; JOUVENTIN, P. Bird Communities of Highway Verges: Influence of Adjacente Habitat and Roadside Management. **Acta Oecologica**, International Journal of Ecology, v. 20, n. 1, p. 1-13, Jan./Feb. 1999.

MÖBIUS, K. **Die Auster und die Austernwirtschaft**. Berlin: Wiegundt, Hempel & Parey, 1877.

MORRIS, D. W. Age-Specific Dispersal Strategies in Iteroparous Species: Who Leaves When? **Evolutionary Theory**, Chicago, v. 6, p. 53-65, Sept. 1982.

MUNGUIRA, M. L.; THOMAS, J. A. Use of Road Verges by Butterfly and Burnet Populations, and the Effect of Roads on Adult Dispersal and Mortality. **Journal of Applied Ecology**, London, v. 29, n. 2, p. 316-329, 1992.

ODUM, E. P. **Ecologia**. Rio de Janeiro: Guanabara Koogan, 1988.

ODUM, E. P. **Fundamentos de ecologia**. São Paulo: Fundação Calouste Gulbenkian, 2004.

____. Primary and Secondary Energy Flow in Relation to Ecosystem Structure. In: INTERNATIONAL CONGRESS OF ZOOLOGY, 16., 1963, Washington, DC. **Proceedings...**, Charleston: Nabu Press, 2012. p. 336-338.

ODUM, E. P.; BARRETT, G. W. **Fundamentos de ecologia**. 5. ed. São Paulo: Thomson Learning, 2007.

ODUM, H. W. **Environment, Power, and Society**. New York: John Wiley & Sons, 1971. (Environmental Science and Technology Series).

____. **Southern Regions of the United States**. Chapel Hill: University of North Carolina Press, 1936.

ODUM, H. W.; MOORE, H. E. **American Regionalism**: a Cultural-historical Approach to National Unification. New York: Henry Holt, 1938.

OLIVEIRA, R.; CASTRO, C.; BAPTISTA, D. Desenvolvimento de índices multimétricos para utilização em programas de monitoramento biológico da integridade de ecossistemas aquáticos. **Oecologia Brasiliensis**, v. 12, n. 3, p. 487-505, 2008.

PATRÍCIO, N. Dióxido de carbono na atmosfera aumentou para 397,7 partes por milhão só em 2014. **RTP Notícias**, 9 nov. 2015. Disponível em: <http://www.rtp.pt/noticias/ciencias/dioxido-de-carbono-na-atmosfera-aumentou-para-3977-partes-por-milhao-so-em-2014_n872384>. Acesso em: 2 jul. 2016.

PESSON, P. **Ecología florestal**. Madrid: Mundi-Press, 1978.

PINTO-COELHO, R. M. **Fundamentos em ecologia**. Porto Alegre: Artmed, 2007.

PLANTIER, R. D. Teias alimentares: características gerais. **Culturamix**. Disponível em: <http://meioambiente.culturamix.com/recursos-naturais/teias-alimentares-caracteristicas-gerais>. Acesso em: 22 jun. 2016.

REIJNEN, R.; FOPPEN, R. The Effects of Car Traffic on Breeding Bird Populations in Woodland. IV. Influence of Populations Size on the Reduction of Density Close to a Highway. **Journal of Applied Ecology**, London, v. 32, n. 3, p. 481-491, 1995.

RICKLEFS, R. E. **A economia da natureza**. 5. ed. Rio de Janeiro: Guanabara Koogan, 2003.

RISSER, P. G.; KARR, J. R.; FORMAN, R. T. T. Landscape Ecology: Directions and Approaches. **Illinois Natural History Survey**, Special Publication, Champaign, n. 2, Mar. 1984.

SALT, G. W. A Comment on the Use of the Term Emergent Properties. **The American Naturalist**, Chicago, v. 113, n. 1, p. 145-148, Jan. 1979.

SCHMIEGELOW, J. M. M. **O planeta azul**: uma introdução às ciências marinhas. Rio de Janeiro: Interciência, 2004.

SCHOFIELD, N. J.; DAVIES, P. E. Measuring the Health of our Rivers. **Water**, Sydney, v. 23, p. 39-43, May/June 1996.

SOTCHAVA, V. B. **Por uma teoria de classificação de geossistemas** de vida terrestre. São Paulo: Igeo; Ed. da USP, 1977. (Série Biogeografia, n. 14).

STEEMANN NIELSEN, E. The Use of Radioactive Carbon (C14) for Measuring Organic Production in the Sea. **Journal du Conseil Permanent International pour l'Exploration de la Mer**, v. 18, n. 2, p. 117-140, Aug. 1952.

TANSLEY, A. G. The Use and Abuse of Vegetational Concepts and Terms. **Ecology**, v. 16, n. 3, p. 284-307, July 1935.

THIENEMANN, A. **Limnologie**. Breslau: Jedermanns Bücherei, 1926.

TOWNSEND, C. R.; BEGON, M.; HARPER, J. L. **Fundamentos em ecologia**. 3. ed. Porto Alegre: Artmed, 2010.

TRICART, J. **Ecodinâmica**. Rio de Janeiro: IBGE; Diretoria Técnica; Supren, 1977.

TROLL, C. Landschaftsökologie. In: TÜXEN, R. (Ed.). **Pflanzensoziologie und Landschaftsökologie**. Den Haag: Junk, 1968. p. 1-21.

____. **Luftbildplan und ökologische Bodenforschung**: ihr zweckmässiger Einsatz für die wissenschaftliche Erforschung und praktische Erschliessung wenig bekannter Länder. Berlin: Zeitschrift der Gesellschaft für Erdkunde, 1939.

TUNDISI, J. G.; TUNDISI, T. M. **Limnologia**. São Paulo: Oficina de Textos, 2008.

VALE, C. C. do. Teoria geral do sistema: histórico e correlações com a geografia e com o estudo da paisagem. **Entre-Lugar**, Dourados, v. 3, n. 6, p. 85-108, jul. 2012.

VERHULST, P. F. Notice sur la loi que la population suit dans son accroissement. **Correspondance Mathématique et Physique**, v. 10, p. 113-121, 1838.

WARMING, J. E. B. **Oecology of Plants**. London: Oxford University Press, 1909.

____. **Plantesamfundgrundträk af den ökologiska Plantegeografi**. Copenhagen: 1895.

WEST, G. B.; BROWN, J. H.; ENQUIST, B. J. A General Model for the Origin of Allometric Scaling Laws in Biology. **Science**, v. 276, n. 5309, p. 122-126, 4th Apr. 1997.

Bibliografia comentada

BRANCO, S. M. **Ecologia da cidade**. São Paulo: Moderna, 2013.

Neste livro, Branco aponta as principais causas de desequilíbrio no meio urbano e algumas formas para garantir o reequilíbrio deste. Ao longo da obra, o autor relaciona às cidades os temas clima, água, ar, som, solo, paisagem e saúde, além de fornecer noções quanto à utilização de trabalhos interdisciplinares para a melhoria das cidades.

ESTEVES-VASCONCELLOS, M. **A nova teoria geral dos sistemas**: dos sistemas autopoiéticos aos sistemas sociais. São Paulo: VortoBooks, 2013.

Esteves-Vasconcelos parte dos estudos desenvolvidos por Humberto Maturana para explicar o ser vivo e extrai uma teoria geral válida para todos os sistemas. O autor, com base nessa teoria, estuda os sistemas autônomos, especificamente os sociais, e utiliza os novos paradigmas científicos desenvolvidos no século XX para realizar uma descrição teórica, integradora e transdisciplinar.

GOTELLI, N. J.; ELLISON, A. M. **Princípios de estatística em ecologia**. Porto Alegre: Artmed, 2011.

Os autores Gotelli e Ellison fornecem uma introdução geral à teoria das probabilidades aplicada na ecologia, abrangendo a utilização da dedução estatística e do teste de hipóteses. Além disso, eles descrevem esboços e análises específicas utilizadas nos estudos ecológicos. A obra contempla tanto as exposições clássicas quanto as discussões sobre os métodos e as técnicas mais recentes na área.

ZAMBERLAM, J.; FRONCHETI, A. **Agroecologia**: caminho de preservação do agricultor e do meio ambiente. Rio de Janeiro: Vozes, 2012.

Nesta obra, Zamberlam e Froncheti defendem uma nova forma de agricultura. Para isso, trabalham os marcos políticos da questão agrária no Brasil, a origem da agricultura moderna, os conceitos de ecossistemas e de agroecossistemas, a fertilidade, o ciclo natural e os seus elementos, as práticas de agroecologia e as alternativas sustentáveis para a produção de animais e vegetais.

Respostas

Capítulo 1

Questões para revisão

1. Indivíduo (ou organismo) é a unidade fundamental da ecologia porque os elementos que o compõem (moléculas, células, tecidos histológicos, órgãos e sistemas orgânicos) não têm vida separada no ambiente externo a ele. A população é constituída pelo conjunto de indivíduos pertencentes a uma mesma espécie que ocupam um espaço comum e se reproduzem entre si. A comunidade, ou biocenose, compreende o nível de organização ecológica que abrange todas as populações que ocupam uma mesma área. Já os indivíduos que formam uma comunidade e que atuam em conjunto com o meio físico constituem o ecossistema. A biosfera é a camada superficial da Terra onde a vida se desenvolve e se mantém, sendo composta por atmosfera, hidrosfera e litosfera.

2. Um sistema ecológico somente pode ser representado por um indivíduo, uma população, uma comunidade, um ecossistema ou pela biosfera, porque esses níveis de organização interagem com a parte física do ambiente (energia e matéria), constituindo um sistema.

3. c

4. a

5. b

Questões para reflexão

1. Os indivíduos têm sua ocorrência e distribuição determinadas pelas características físicas, químicas e geológicas e pelo posicionamento geográfico de um hábitat. A compreensão desses fatores permite um melhor entendimento da estrutura e do funcionamento de um ecossistema.

2. O desenvolvimento sustentável se refere à forma como o ser humano usa os recursos e como destina os resíduos gerados por esse uso. Os conceitos de ecologia podem, e devem, ser utilizados no desenvolvimento sustentável das cidades, pois fornecem a ferramenta necessária para serem propostos os planos de descarte adequado dos resíduos, de forma a não causar poluição ambiental, preservando as áreas necessárias para que os recursos bióticos e abióticos possam interagir de forma adequada e garantindo o tempo necessário para esses recursos serem repostos, evitando a sobre-exploração.

Capítulo 2

Questões para revisão

1. A teoria geral dos sistemas tem cinco proposições principais: 1) há uma tendência geral de se integrar as várias ciências naturais e sociais; 2) tal integração parece se centralizar em uma regra geral dos sistemas; 3) essa regra aparenta ser um meio relevante para se atingir uma teoria exata nas áreas não físicas da ciência; 4) expandindo os princípios convergentes que cruzam "verticalmente" o universo das ciências individualizadas, essa teoria se aproxima do objetivo de uma unidade da ciência; 5) esse fato pode levar a uma imprescindível integração do ensino científico.

2. A matéria, a energia e a estrutura devem ser consideradas nos estudos dos sistemas pelas seguintes condições: a matéria está relacionada ao material que vai ser mobilizado por meio do sistema; a energia está ligada às forças que permitem o funcionamento do sistema – desse modo, ele tem capacidade de realizar trabalho; já a estrutura é composta pelas unidades básicas dos sistemas e suas relações, sendo expressa pela disposição dos seus componentes. Para melhor compreensão, devemos observar suas principais características, a saber: tamanho, correlação e causalidade.

3. e

4. a

5. b

Questões para reflexão

1. Um ecossistema apresenta natureza cibernética porque os fluxos de energia, de matéria, de comunicação física e de comunicação química unem todas as suas partes e permitem que seja regulado ou dirigido por completo. Como na natureza as funções de controle são internas, difusas e sem pontos de ajuste, resultam em um estado pulsante e não estável. Conforme o rigor do ambiente externo e a eficácia dos controles internos, o grau em que se atinge a estabilidade é variável, e esta pode representar a capacidade que o ecossistema tem de se manter inalterado quando em estresse ou a capacidade que ele tem de realizar uma rápida recuperação.

2. A modelagem pode ser aplicada no estudo dos ecossistemas porque a simulação de um modelo com o auxílio de técnicas computacionais permite prever alguns resultados possíveis se

alterarmos, adicionarmos ou removermos algum parâmetro. As fórmulas matemáticas podem ser refinadas ou "calibradas" por meio de operações computacionais que permitam seu ajuste ao fenômeno natural em questão. Com isso, os modelos irão resumir o que já se sabe sobre o evento modelado e definir aspectos que precisam de novos dados ou princípios.

Capítulo 3

Questões para revisão

1. Os aspectos estruturais dos ecossistemas são: substâncias inorgânicas (particuladas e dissolvidas); matéria orgânica (particulada e dissolvida); clima; substrato físico (sólido, líquido e gasoso); componentes bióticos (produtores, consumidores, predadores, desintegradores e regeneradores). Os aspectos funcionais dos ecossistemas são: fluxo de energia; cadeias alimentares; diversidade (temporal e espacial); ciclos de nutrientes; controle (cibernética); sucessão e evolução.

2. O *El Niño* resulta da intensificação dos ventos alísios, que acumulam água quente no oeste do Oceano Pacífico. Com isso, ocorre o aumento de alguns centímetros do nível do mar, fato que provoca o escoamento da água para o leste quando os ventos alísios ficam mais fracos. Assim, a água quente se concentra próximo da costa da América do Sul e dificulta a subida da água fria.

3. a

4. e

5. a

Questões para reflexão

1. Como o fluxo de energia de um ecossistema é representado pela transferência de energia ao longo da cadeia alimentar e entre 80 a 90% da energia potencial é perdida sob a forma de calor, a energia disponível será maior nos ecossistemas com cadeias alimentares mais curtas ou quanto mais próximo dos produtores estiver o consumidor. A consequência disso é que a quantidade de consumidores sustentada por uma determinada produção primária depende do comprimento da cadeia alimentar.

2. Ao reagir com o vapor de água na atmosfera, o dióxido de enxofre sofre oxidação. Como resultado, ocorre a produção de gotas diluídas de ácido sulfúrico, as quais se precipitam sob a forma de chuva ácida.

Capítulo 4

Questões para revisão

1. As árvores, em particular, têm as "folhas de sol", mais espessas e com mais cloroplastos, nas áreas expostas a uma intensa radiação solar, e "folhas de sombra", mais finas, nas áreas mais sombreadas e sujeitas a pouca radiação solar. Nas ervas, as espécies de "sol" têm folhas expostas em ângulos agudos com relação ao Sol no horário do meio-dia e se sobrepõem em um dossel multiestratificado de forma a permitir que as folhas da parte inferior apresentem uma taxa de fotossíntese líquida positiva. Nas espécies de "sombra" das ervas, as folhas estão dispostas em um dossel uniestratificado e horizontal e minimizam a taxa de ganho diário de carbono oriundo da fotossíntese, aumentando a capacidade de captar a radiação solar na planta inteira.

2. A produção primária bruta representa a taxa global de fotossíntese, incluindo a matéria orgânica usada na respiração durante o período de medição. Já a produção primária líquida representa a taxa de armazenamento da matéria orgânica nos tecidos das plantas, que excede o uso respiratório por elas durante o período de medição.

3. e

4. b

5. d

Questões para reflexão

1. A ação da primeira lei da termodinâmica pode ser percebida nos ecossistemas quando a energia proveniente da luz solar é convertida em trabalho, calor ou energia potencial do alimento. Já a segunda lei da termodinâmica pode ser percebida nos ecossistemas quando a energia potencial existente nos alimentos oriundos da fotossíntese é utilizada pelos organismos que a consomem e é convertida em outras formas de energia, como o calor.

2. Os decompositores anaeróbicos são importantes para o ecossistema porque, ao respirarem ou fermentarem a matéria orgânica na camada anóxica e escura do sedimento, recuperam a energia e os materiais provisoriamente perdidos nos detritos desse material.

Capítulo 5

Questões para revisão

1. A estabilidade do ecossistema pode ser analisada com relação à remanescência ou constância, que se refere à persistência temporal de uma comunidade. Nesse sentido, quando uma sucessão ecológica está próxima do clímax, as comunidades ficam constantes por mais tempo, enquanto as comunidades mais distantes do clímax geralmente são variáveis.

2. A resiliência ou elasticidade reflete a capacidade que o ecossistema tem para restaurar seu funcionamento e sua estrutura após sofrer uma perturbação. Os ecossistemas mais próximos do estágio pioneiro aparentam ter uma resiliência maior do que os mais próximos do clímax.

3. c

4. c

5. a

Questões para reflexão

1. Por habitarem ambientes variáveis, os animais devem saber como se comportar. Nesse sentido, devem tomar algumas decisões, como definir onde forragear, por quanto tempo se alimentar e qual será a sua presa. O provável comportamento selecionado será aquele que trará maior benefício para o animal.

2. Os organismos respondem evolutivamente às mudanças na disponibilidade de recursos desenvolvendo mecanismos de defesa que diminuem a chance de um embate com o seu predador ou que elevam a sua chance de sobreviver a este

embate. Porém, existem casos em que o recurso alimentar (presa) com uma melhor defesa desempenha uma pressão seletiva sobre seu consumidor (predador), visando a sobrepujar essa defesa. Dessa forma, o predador que alcança esse nível de especialização estará mais adaptado do que os seus competidores. Consequentemente, será mais apto a explorar a presa em questão.

Capítulo 6

Questões para revisão

1. As consequências do aquecimento global, embora ocorram em intensidade diferente ao redor do globo, são: derretimento das calotas polares e das geleiras; aumento do nível do mar; mudanças nos padrões climáticos globais (precipitação atmosférica, ventos, correntes oceânicas etc.) e no padrão de distribuição espacial das espécies; extinção das espécies que não conseguirem se adaptar a tempo a essas mudanças.

2. A redução dos efeitos da atividade humana sobre a temperatura do planeta e a camada de ozônio envolve o desenvolvimento de novas fontes de energia sustentável, a diminuição dos desmatamentos e a eliminação das emissões de clorofluorcarbonetos.

3. a
4. d
5. b

Questões para reflexão

1. A fragmentação do hábitat pode causar a extinção de espécies nativas porque diminui a área do ambiente e, com isso, impede o deslocamento sazonal dos indivíduos para suas áreas de reprodução.

2. A agricultura sustentável de baixa entrada deve ser incentivada para evitar que os produtores rurais abandonem suas terras e migrem para os centros urbanos, onde vão se tornar consumidores, bem como para inibir o aumento da poluição difusa e a perda do solo.

Sobre o autor

Rodrigo Santiago Godefroid é graduado em Ciências Biológicas pela Pontifícia Universidade Católica do Paraná (PUC-PR), mestre em Ciências Biológicas com ênfase em Zoologia e doutor em Ciências Biológicas com ênfase em Zoologia pela Universidade Federal do Paraná (UFPR). Entre os anos de 2006 e 2009, foi coordenador do curso de Ciências Biológicas do Centro Universitário Autônomo do Brasil (UniBrasil), do qual atualmente é professor. Atua como coordenador dos cursos de especialização da subárea de Ciências Biológicas e Exatas da Escola Superior de Educação do Centro Universitário Internacional (Uninter). É autor da obra *O ensino de biologia e o cotidiano*, publicada pela Editora InterSaberes, e se dedica à pesquisa em ecologia de ecossistemas marinhos e de água doce.

Impressão: Reproset
Junho/2023